Modedesign Skizzenbuch

VORLAGEN FÜR JUGENDLICHE FIGUREN

Von Anfänger bis Fortgeschrittene

Niky Jadesson

© Copyright 2025 - Niky Jadesson
Alle Rechte vorbehalten.

Kein Teil dieses Buches darf ohne vorherige schriftliche Genehmigung des Autors oder des Verlags in irgendeiner Form - elektronisch, mechanisch, durch Fotokopie, Aufnahme oder auf andere Weise - reproduziert, gespeichert oder übertragen werden.

Rechtlicher Hinweis:
Diese Publikation ist urheberrechtlich geschützt. Sie ist ausschließlich für den persönlichen, schulischen und nicht kommerziellen Gebrauch bestimmt. Das Kopieren, Verändern, Verkaufen oder Verteilen von Teilen dieses Buches ohne schriftliche Zustimmung ist strengstens untersagt.

Haftungsausschluss:
Dieses Skizzenbuch wurde zu Lern- und Kreativzwecken entwickelt. Obwohl alle Inhalte mit größter Sorgfalt erstellt wurden, übernehmen Autorin und Verlag keine Gewähr für Ergebnisse oder Lernerfolge.
Der Inhalt richtet sich an Schülerinnen, Schüler und junge Kreative, die sich für Modeillustration und Design interessieren.
Autorin und Verlag übernehmen keine Haftung für Folgen, die aus der Nutzung dieses Buches entstehen können.

Danke, dass du die Rechte der Urheberin respektierst!

Widmungsseite

Für alle jungen Träumerinnen und Träumer,
die glauben, dass Mode eine Kunst der
Selbstdarstellung ist -

Dieses Buch ist für dich gemacht: zum Entdecken, Üben
und mutigen Gestalten.

Jede Seite soll dich daran erinnern, dass deine
Vorstellungskraft stark ist und deine Ideen zählen.

Zeichne weiter, träume weiter
und glaube immer an deinen einzigartigen Stil.

Mit Kreativität und Herz,

Dieses Buch gehört:

_____

(dein Name)

Niky Jadesson

Lieber junger Modedesigner, liebe junge Modedesignerin,

Danke, dass du dieses Skizzenbuch gewählt hast und damit deine kreative Reise beginnst!

Ich hoffe, es inspiriert dich, Mode zu entdecken, mutig zu zeichnen und Freude daran zu haben, neue Ideen zu entwickeln.

Jede Seite gehört dir - zum Experimentieren, Üben und um deinen persönlichen Stil auszudrücken.

Wenn du über zukünftige Bücher informiert bleiben oder mir dein Feedback mitteilen möchtest, suche einfach online nach „**Niky Jadesson Books**".

Deine Unterstützung bedeutet mir sehr viel.
Wenn dir dieses Buch gefällt, hilft eine kurze Bewertung dabei, dass auch andere Leserinnen und Leser es entdecken - und unterstützt unabhängiges Publizieren.

Mit Dankbarkeit,

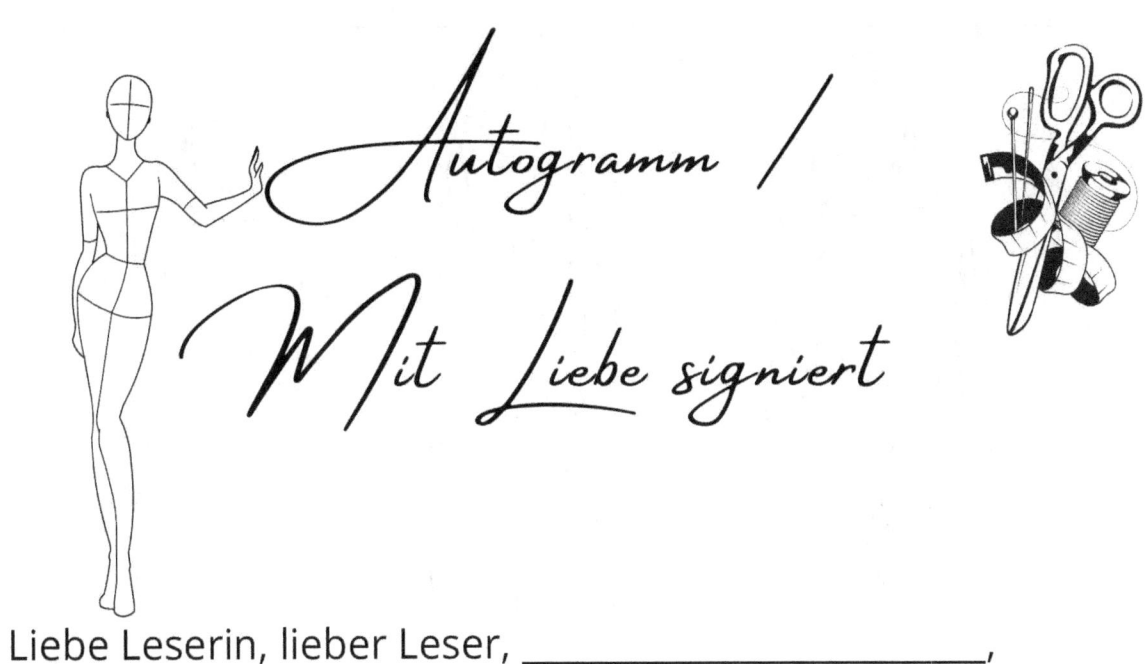

Autogramm / Mit Liebe signiert

Liebe Leserin, lieber Leser, _____,

Dieses Skizzenbuch ist für dich - zum Entwerfen, Träumen und Ausdrücken deiner eigenen Vision.

Denk daran: Jede Linie, die du zeichnest, bringt dich deinem Traum, Modedesigner oder Modedesignerin zu werden, ein Stück näher.

Mit ganzem Herzen,

_____

(Unterschrift)

Datum: _____

Inhaltsverzeichnis

Teil I - Einleitung

1. Titelseite 1
2. Copyright-Seite 2
3. Widmungsseite 3
4. Ausmalseiten (Kreativeinsätze) 4, 6, 8, 10, 14, 16, 34, 144, 146
5. Dieses Buch gehört 5
6. Danke! (Einleitung) 7
7. Signiert mit Liebe 9
8. Inhaltsverzeichnis 11-12
9. Willkommen! 13
10. Vorwort der Autorin 15
11. Wie man dieses Skizzenbuch verwendet 17
12. Meine Ziele & Inspirationen 18
13. Werkzeuge & Materialien für Jugend-Mode-Skizzen 19
14. Tipps für den Einstieg 20

Teil II - Bildung & Grundlagen 21

15. Eine kurze Geschichte der Jugendmode - Von klassischen Stilen zu modernen Trends 22
16. Jugend-Silhouetten & Körperformen - Finde deinen Stil 23
17. Farbtheorie in der Jugendmode - Drücke dich selbst aus 24
18. Stoffe & Texturen - Wie Kleidung lebendig wird 25
19. Werkzeuge fürs Modezeichnen - Traditionell & Digital 26
20. Schritt für Schritt: Alltagsoutfit (Casual Style) 27
21. Schritt für Schritt: Party- oder Abendlook 28
22. Häufige Designfehler (und wie man sie vermeidet) 29
23. Tipps & Tricks für junge Designer 30
24. Schritt-für-Schritt-Anleitung für dieses Skizzenbuch 31
25. Modezeichen-Grundlagen - Schritt für Schritt 32
26. Einfacher Alltagslook - Schnell & Kreativ 33

Inhaltsverzeichnis

Teil III - Skizzenbuch & Übungsteil 35

  27. Modepraxis-Leitfaden & Notizen 36, 44, 51, 58, 65, 72, 80, 87, 94, 101, 108, 116

  28. Outfit-Inspiration: Streetwear 37, 45, 52, 59, 66, 73, 81, 88, 95, 102, 109, 117

  29. Körpervorlagen - Jugend-Silhouetten (Front-, Rück- und Seitenansicht) 38-41, 46-48, 53-55, 60-62, 67-69, 74-77, 82-84, 89-91, 96-98, 103-105, 110-113, 118-120, 123-130

  30. Notizen & Inspirationsfotos 42, 49, 56, 63, 70, 78, 85, 92, 99, 106, 114, 121

  31. Outfit-Inspiration: Schule, Wochenende & Trendlooks 43, 50, 57, 64, 71, 79, 86, 93, 100, 107, 115, 122

  ★ Hinweis: Die Körpervorlagen und Übungsseiten werden bewusst wiederholt, um Selbstvertrauen, Kreativität und einen konsistenten Stil zu fördern.

Teil IV - Abschluss & Extras 131

  32. Körpervorlagen - Jugend-Silhouetten (Front, Rück, Seite) 132

  33. Kreative Übungen 133-140

  34. Designer-Checkliste für Jugendliche 141

  35. Meine Lieblingsstoffe & Marken - Notizen & Muster 142

  36. Mein persönliches Modejournal 143

  37. Herzlichen Glückwunsch - Du hast es geschafft! 145

  38. Danke! (Abschlussbotschaft) 147

  39. Danke, dass du dieses Buch gewählt hast! 148

  40. Über die Autorin 149

  41. Mini-Glossar der Modebegriffe (für Jugendliche) 150

  42. Zertifikat: Abschluss „Modedesign-Skizzenbuch - Jugend-Edition" 151

Hey, kreative Seele - willkommen in deiner Modewelt!

Mode bedeutet nicht nur Kleidung oder Trends - sie bedeutet dich. Sie zeigt, wer du bist, was dich inspiriert und welches Selbstvertrauen du ausstrahlst.

Jede Skizze, die du zeichnest, erzählt eine Geschichte, und jedes Design bringt deine Persönlichkeit zum Leben.

Dieses Skizzenbuch wurde geschaffen, um dir zu helfen, als junger Designerin zu entdecken, zu experimentieren und zu wachsen.

Nimm dir Zeit, spiele mit Formen, Stoffen und Farben - und vor allem: genieße den Prozess!

Egal, ob du gerade erst anfängst oder schon deinen eigenen Stil entwickelst - dies ist dein sicherer Raum, um groß zu träumen und frei zu zeichnen.
Wir freuen uns, Teil deiner kreativen Reise zu sein.

Also schnapp dir deinen Bleistift - deine Fashion-Story beginnt hier!
Viel Spaß beim Designen!

Niky Jadesson

Vorwort der Autorin

Lieber Leserin,

Willkommen zur Jugend-Edition des Modedesign-Skizzenbuchs!

Dieses Buch wurde entwickelt, um deine Vorstellungskraft zu inspirieren und deine Kreativität zu begleiten - ganz gleich, ob du davon träumst, Modedesigner oder Modedesignerin zu werden oder dich einfach gerne durch Kunst ausdrückst.

Im Inneren findest du Struktur und Freiheit:
- Struktur - Seiten, die dir Silhouetten, Stoffe und Zeichentechniken näherbringen.
- Freiheit - Vorlagen, Outfit-Ideen und kreative Übungen, die deine Persönlichkeit zum Strahlen bringen.

Mode bedeutet Selbstvertrauen - sie ist deine Stimme ohne Worte.

Mit jeder Skizze lernst du, deinem Stil zu vertrauen und zu entdecken, was deine Vision einzigartig macht.

Mach dir keine Sorgen um „perfekte" Linien - das Wichtigste ist, dass du weiter zeichnest, weiter lernst und Freude dabei hast.

Mit Leidenschaft und Dankbarkeit,

Niky Jadesson

Wie man dieses Skizzenbuch benutzt

Dieses Skizzenbuch ist dein kreativer Spielplatz - eine Mischung aus Lernen, Üben und Träumen!

So nutzt du es am besten:

- **Frei experimentieren** - Probiere verschiedene Outfits, Silhouetten und Farben aus. Fehler gehören zum Lernen!
- **Notizen machen** - Schreibe Ideen, Trends oder Stoffe auf, die dich inspirieren.
- **Vorlagen verwenden** - Die Jugend-Körperfiguren helfen dir, Proportionen zu verstehen und ausgewogene Outfits zu entwerfen.
- **Inspiration hinzufügen** - Klebe Fotos, Zeitschriftenausschnitte oder Stoffmuster auf die Notizseiten.
- **Vergleichen & verbessern** - Zeichne ältere Designs neu, um dein Wachstum zu sehen.
- **Kollektionen aufbauen** - Entwirf Themen-Outfits: Streetwear, Schul-Looks, Party-Outfits.

Egal, ob du zum Spaß zeichnest oder schon deine Modezukunft planst - dieses Buch ist dein persönliches Studio, wo Kreativität und Selbstvertrauen zusammenkommen.

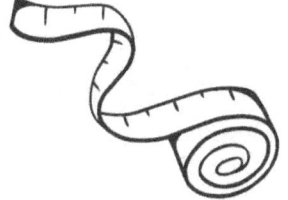

Meine Ziele & Inspirationen

Modedesign ist mehr als nur Kleidung zu zeichnen - es geht darum, Stimmung, Lebensstil und Fantasie auszudrücken. Nutze diese Seite, um über deine Inspirationen nachzudenken und zu entdecken, wohin deine Kreativität dich führen soll.

Fragen zur Reflexion:

- Welche Art von Mode liebe ich am meisten? (Streetwear, Party-Looks, Y2K, Minimal, Sporty-Chic)
- Wer inspiriert mich? (Designerinnen, Künstlerinnen, Freunde, Idole)
- Welche Gefühle sollen meine Designs ausdrücken? (Selbstvertrauen, Freude, Freiheit, Stärke)

Schreibe es hier auf:

- Meine Designziele: ……………………………………………
- Meine größten Inspirationen: …………………………………
- Stoffe oder Farben, die ich erforschen möchte: ………………
- Fähigkeiten, die ich verbessern will: …………………………

***Tipp**: Schau alle paar Monate wieder auf diese Seite - du wirst sehen, wie sehr sich deine Vision mit der Zeit weiterentwickelt!*

Werkzeuge & Materialien
für Jugend-Mode-Skizzen

Du brauchst keine teuren Tools, um kreativ zu sein - nur Neugier und ein paar wichtige Grundlagen!

- **Bleistifte** - HB für Umrisse, 2B-6B für Schattierungen und Falten.
- **Fineliner** - Für klare Linien oder coole Details.
- **Marker & Farbstifte** - Bringen Farbe und Textur in deine Designs. Probiere Pastell- oder Neon-Töne für trendige Looks!
- **Lineal & Kurvenlineal** - Perfekt für Röcke, Jacken und präzise Details.
- **Digitale Tools** - Wenn du Technik magst, probiere Apps wie Procreate oder Sketchbook.
- **Stoffmuster** - Echte Materialien zu fühlen hilft dir, dir vorzustellen, wie dein Design sich bewegt.

Erinnere dich: Die Magie liegt nicht im Werkzeug, sondern darin, wie du es benutzt, um deine Geschichte zu erzählen.

Tipps
für den Start

Etwas Neues zu beginnen kann einschüchternd wirken - aber jeder großartige Designerin hat mit einer leeren Seite angefangen!

Hier sind ein paar Tipps für den perfekten Einstieg:
- **Halte es einfach** - Starte mit Basics wie T-Shirts, Jeans oder Kleidern.
- **Beobachte & lerne** - Schau, wie echte Kleidung fällt und sich bewegt.
- **Spiele mit Formen** - Teste verschiedene Silhouetten: Oversized, Cropped, Flared, Fitted.
- **Experimentiere mit Farben** - Wähle Töne, die zu deiner Stimmung passen.
- **Bleib selbstbewusst** - Perfektion ist kein Ziel; dein Stil wächst mit jeder Seite.

Jede Skizze ist ein Fortschritt - jeder Fehler bringt dich weiter.
Je mehr du zeichnest, desto mehr zeigt sich dein eigener Stil.

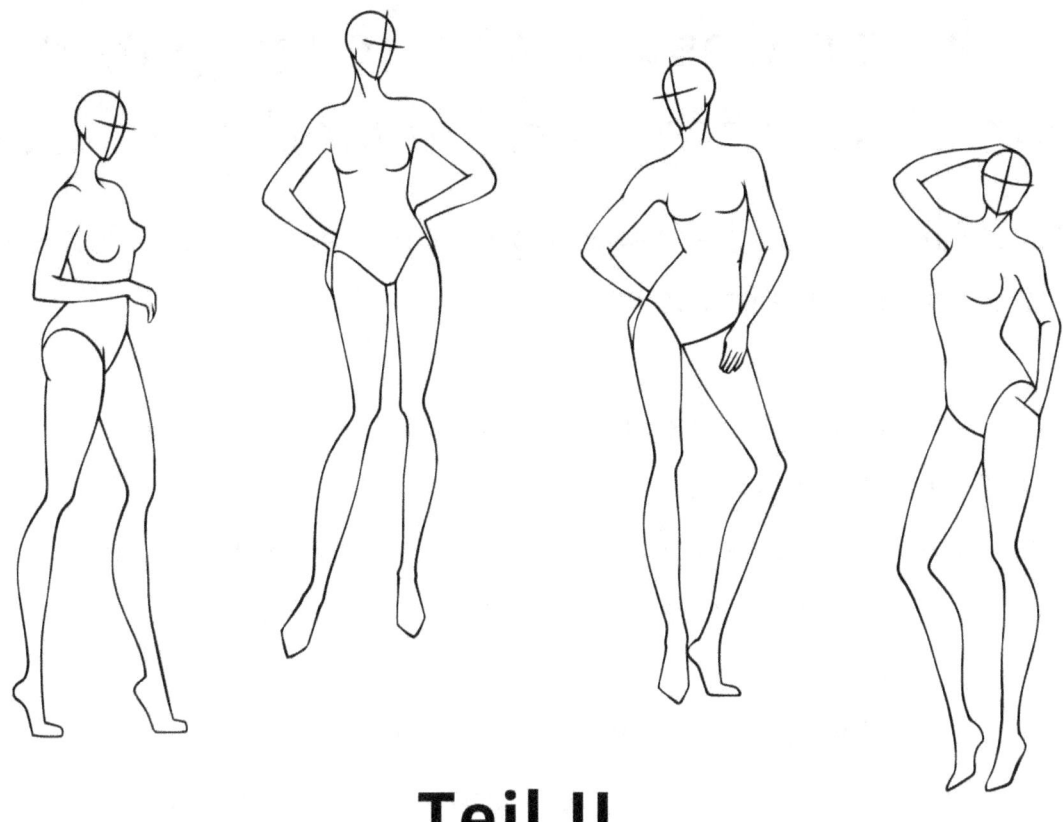

Teil II
- Bildung & Grundlagen

Dieser Abschnitt führt dich in die Grundlagen des Modedesigns ein - die Bausteine, mit denen jede Idee Gestalt annimmt.

Hier lernst du, wie sich Mode entwickelt hat, wie Silhouetten und Stoffe Stimmungen erzeugen und wie Farbe alles an einem Design verändern kann.

Lies, entdecke - und wende das Gelernte direkt in deinen Skizzen an!

Eine kurze Geschichte der Jugendmode
- Von klassischen Stilen zu modernen Trends

Mode für Jugendliche war schon immer ein Symbol für Freiheit, Kreativität und Identität.

Jede Generation hat neu definiert, was „stylish" bedeutet.

- **1950er - Retro-Anfänge**

  Petticoats, Cardigans und gepflegte Frisuren waren im Trend. Zum ersten Mal begannen Jugendliche, die Mode aktiv zu beeinflussen!

- **1970er-1980er - Die Jahre der Rebellion**

  Rock, Punk und Disco prägten den Stil. Lederjacken, Denim und auffällige Muster wurden Ausdruck von Protest und Spaß.

- **1990er-2000er - Cool & Lässig**

  Streetwear dominierte: weite Jeans, Crop-Tops, Hoodies und Sneakers. Komfort traf auf Attitüde.

- **Heute - Kreative Freiheit**

  Moderne Jugendmode mischt alles: Vintage, Gender-Neutral, Oversized, Y2K-Einflüsse und nachhaltige Materialien.

Das Beste daran? *Es gibt keine strengen Regeln mehr - Mode bedeutet, du selbst zu sein.*

Jugend-Silhouetten & Körperformen
- Finde deinen Stil

Jedes Outfit beginnt mit einer Silhouette - sie bestimmt die Stimmung und Bewegung deines Designs.

- **Relaxed Fit** - Locker, bequem, perfekt für Hoodies, T-Shirts & Streetwear.
- **Fitted** - Betont die natürliche Form - ideal für Kleider & Jacken.
- **A-Linie** - Leicht ausgestellt; besonders schön für Röcke & Kleider.
- **Layered Look** - Oversized Tops + schmale Hosen (oder umgekehrt) - bringt Persönlichkeit und Tiefe ins Design!

Tipp: *Perfekte Proportionen sind nicht das Ziel - entscheidend ist, wie sich dein Design anfühlt.*

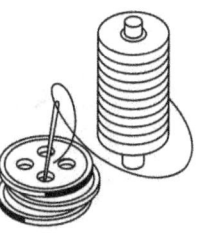

Farblehre in der Jugendmode
- Drücke dich aus!

Farben lassen ein Design lebendig wirken und zeigen, wer du bist - noch bevor du ein Wort sagst.

- **Warme und kühle Farbtöne**

Warme Farben (Rot, Gelb, Koralle) stehen für Energie und Lebensfreude.
Kühle Töne (Blau, Grün, Violett) wirken ruhig und selbstbewusst.

- **Kontrast und Harmonie**

Gegensätze ziehen sich an! Probiere Schwarz & Weiß oder Rosa & Türkis für starke Effekte.

Zarte Übergänge (Pastell oder neutrale Töne) schaffen ein ruhiges, harmonisches Gesamtbild.

- **Inspiration aus den Jahreszeiten**
    - *Frühling*: Pastellfarben und helle Nuancen
    - *Sommer*: Leuchtende, sonnige Töne
    - *Herbst*: Erdige, warme Farbtöne
    - *Winter*: Dunkle Kontraste und ein Hauch von Glanz
- **Deine persönliche Farbpalette**

Wähle Farben, die zu dir passen. Mische, probiere aus - und finde deinen eigenen Stil!

Stoffe und Strukturen
- So werden Entwürfe lebendig

Der Stoff verändert alles - wie sich ein Kleidungsstück anfühlt, bewegt und aussieht.

- **Baumwolle & Jersey** - Weich, atmungsaktiv und ideal für den Alltag.
- **Denim** - Zeitlos und robust. Von Jacken bis Jeans - immer im Trend.
- **Satin & Seide** - Glänzend und elegant, perfekt für festliche Outfits.
- **Strick & Fleece** - Kuschelig und bequem, ideal für Freizeit- oder Sportmode.
- **Leder & Kunstleder** - Verleiht deinem Look Ausdruck und Stärke.

Übung: Zeichne dasselbe Outfit zweimal - einmal aus Denim, einmal aus Satin. Beobachte, wie sich die gesamte Stimmung verändert!

Zeichenwerkzeuge
- Klassisch und Digital

Die richtigen Werkzeuge machen das Skizzieren spannend und lebendig.

- **Bleistifte** - Für erste Umrisse und Schattierungen.
- **Marker** - Zum Experimentieren mit Farben und Akzenten.
- **Buntstifte** - Für weiche Übergänge und sanfte Farbtöne.
- **Feinliner** - Um Konturen, Muster und Details zu betonen.
- **Aquarellfarben** - Für Bewegung und einen künstlerischen Touch.
- **Digitale Werkzeuge** - Grafiktabletts oder Apps erleichtern das Experimentieren mit Farben und Formen.

Merke: Du brauchst keine perfekte Ausstattung - Kreativität zählt mehr als teure Werkzeuge.

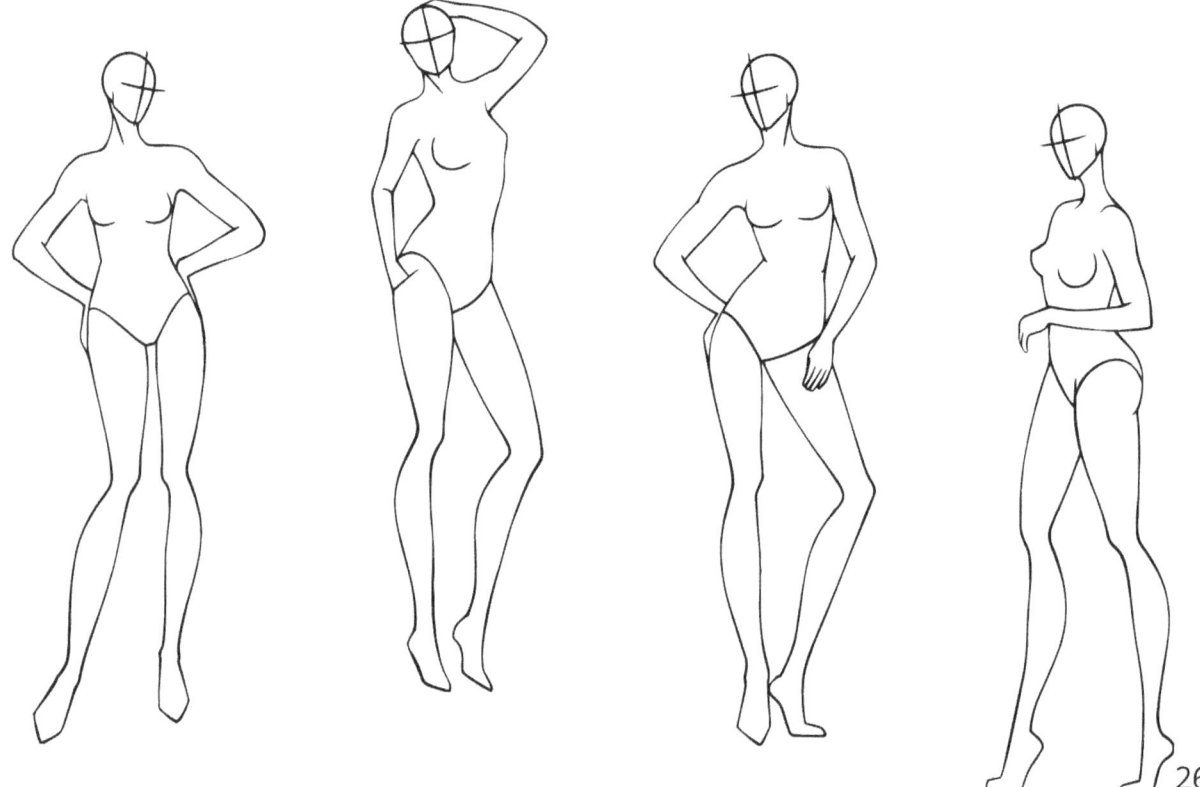

Schritt für Schritt:
Alltagsoutfit (Casual Look)

Alltagsmode bedeutet Komfort und Persönlichkeit. So entwirfst du dein erstes Freizeit-Outfit:

- **Beginne mit der Grundfigur** - locker oder leicht tailliert.
- **Füge Oberteile hinzu** - T-Shirt, kurzes Top oder Kapuzenpullover.
- **Wähle die Unterteile** - Jeans, Shorts oder ein fließender Rock.
- **Ergänze Accessoires** - Rucksack, Turnschuhe oder dezenter Schmuck.
- **Spiele mit Farben** - neutrale Töne mit einem kräftigen Akzent wirken spannend.

Tipp: Ein gelungenes Freizeit-Outfit sieht mühelos aus, strahlt aber Selbstbewusstsein aus.

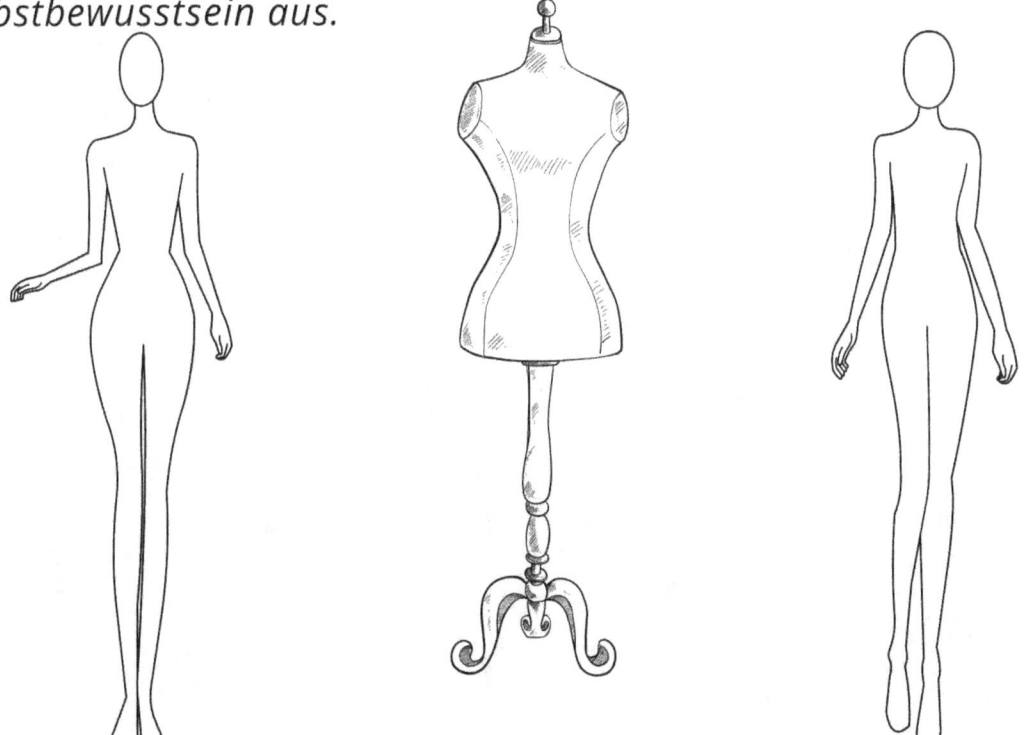

Schritt für Schritt:
Party- oder Abendlook

Jetzt darf es glitzern!

Ein Partyoutfit zeigt Selbstvertrauen und Kreativität.
1. **Wähle die Silhouette** - eng, ausgestellt oder fließend?
2. **Entscheide dich für Stoffe** - Satin, Pailletten, Tüll - Hauptsache auffällig.
3. **Setze Akzente** - Rüschen, Glitzer, schulterfreie Schnitte oder markante Ärmel.
4. **Wähle die Farben** - Metallic, Edelsteinfarben oder tiefe Töne wirken elegant.
5. **Füge den letzten Schliff hinzu** - Schuhe, Tasche oder Schmuck.

Ziel: Dein Design soll besonders wirken - wie ein Outfit zum Feiern deiner Persönlichkeit.

Häufige Designfehler
(und wie du sie vermeidest)

Auch Profis machen sie - lerne früh daraus und spare dir Frust!

- **Zu viele Details** - Weniger ist oft mehr. Setze einen klaren Schwerpunkt.
- **Bewegung vergessen** - Denke daran, wie der Stoff beim Tragen fällt.
- **Zu viele Farben** - Kräftige Töne brauchen neutrale Gegengewichte.
- **Falsche Proportionen** - Achte auf ein Gleichgewicht zwischen Ober- und Unterteil.
- **Trends blind kopieren** - Lass dich inspirieren, aber entwickle deinen eigenen Stil.

Merke: Jeder Fehler ist eine Lektion - so wächst dein kreatives Können.

Tipps & Tricks
für junge Modedesignerinnen und -designer

- Zeichne mehrere Varianten derselben Idee - so entstehen Kollektionen.
- Kombiniere verschiedene Stücke - ein Teil kann viele Outfits ergänzen.
- Erstelle eine kleine Moodboard-Seite - mit Fotos, Stoffproben oder Farbinspirationen.
- Beobachte Proportionen und Stoffbewegung - Kleidung soll „leben".
- Vergleiche dich nicht - entwickle deinen eigenen Stil Schritt für Schritt.

Denke daran: *Modedesign bedeutet nicht Perfektion, sondern Geschichten durch Kleidung zu erzählen.*

Anleitung zur Nutzung
dieses Skizzenbuchs

Dieses Buch ist mehr als leere Seiten - es ist dein kreatives Tagebuch.

So nutzt du es am besten:

- **Üben**: Starte mit den Vorlagen. Konzentriere dich auf Sicherheit, nicht Perfektion.
- **Experimentieren**: Probiere neue Farbpaletten, Stoffe und Strukturen.
- **Dokumentieren**: Nutze Notizseiten für Gedanken oder Inspirationen.
- **Kollektionen entwickeln**: Gestalte Themen-Outfits - Schule, Freizeit, Festlich u. a.
- **Vergleichen**: Schau zurück - erkenne, wie sehr du dich verbessert hast.

Am Ende wirst du nicht nur Entwürfe haben, sondern deine eigene modische Entwicklung.

Grundlagen des Modeskizzierens
- Schritt für Schritt

Modezeichnen lernst du durch Übung. Folge diesen einfachen Schritten:

- **Schritt 1**

Zeichne die Grundfigur in leichter Linie (Frontansicht).

- **Schritt 2**

Skizziere die Kleidungsformen - Pullover, Rock, Hose, Kleid.

- **Schritt 3**

Füge Details hinzu - Nähte, Knöpfe, Kragen, Muster.

- **Schritt 4**

Nutze Linien, um Stoffart zu zeigen - weich oder strukturiert.

- **Schritt 5**

Schattiere und füge Farbe hinzu.

- **Schritt 6**

Ziehe saubere Konturen und mache Notizen.

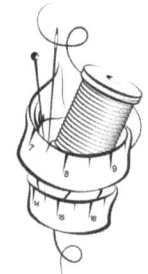

***Mini-Aufgabe**: Zeichne ein Outfit für ein entspanntes Wochenende und eines für ein besonderes Ereignis. Achte darauf, wie Farbe und Stoff die Stimmung verändern.*

EINFACHER ALLTAGSLOOK
- Schritt für Schritt

Setze das Gelernte gleich um!

5 einfache Schritte:
1. Zeichne eine lässige Körperhaltung.
2. Füge bequeme Kleidung hinzu - T-Shirt, Jeans oder Kapuzenpulli.
3. Ergänze Accessoires - Tasche, Schuhe, Schmuck.
4. Wähle deine Farbpalette - neutrale Töne plus ein leuchtender Akzent.
5. Füge Schatten und Strukturen hinzu, damit dein Design lebendig wirkt.

Stil-Tipp: Alltagslooks eignen sich perfekt, um Proportion, Bewegung und Gleichgewicht zu üben.

Reflexion:
- Welches Outfit würdest du jeden Tag tragen, wenn du könntest?
- Welche Farbkombination passt am besten zu dir?

Nutze diese Seite, um dein eigenes Design zu zeichnen - hab Spaß und skizziere ohne Druck!

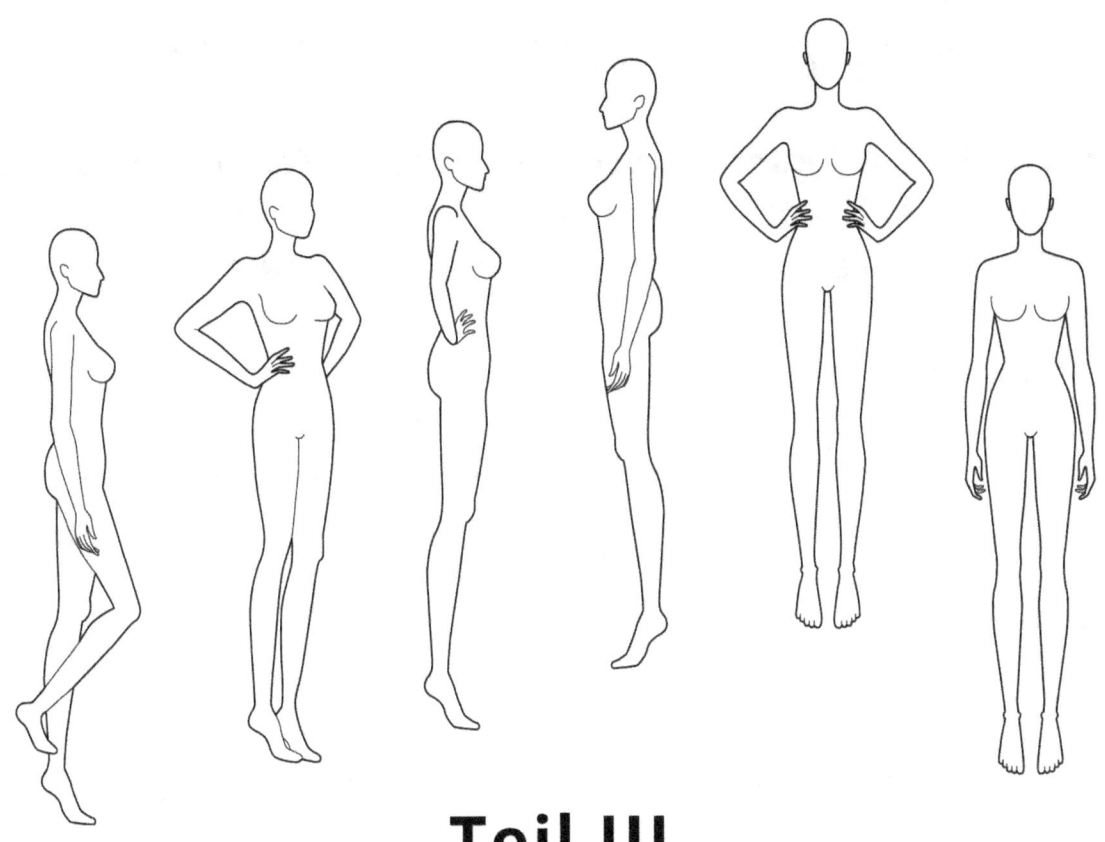

Teil III
- Skizzenbuch & Praxis

Jetzt beginnt deine kreative Reise richtig!

Du hast die Grundlagen gelernt - nun kannst du experimentieren, zeichnen und deine eigene Modewelt erschaffen.

Diese Seiten sind dein Spielplatz: probiere aus, coloriere, mache Fehler - und vor allem: habe Spaß dabei!

Modepraxis-Leitfaden & Notizen

Modedesign bedeutet Entdecken, nicht Perfektion. Nutze diese Seite, um etwas Neues auszuprobieren - auch wenn es ungewohnt ist. Fehler sind Teil des Lernens, und jede Skizze bringt dich weiter.

So nutzt du die Seite:
- Experimentiere mit neuen Proportionen.
- Füge mehrere Schichten hinzu, um Stoffbewegung zu verstehen.
- Schreibe Notizen über Bewegung und Fluss des Outfits.

Reflexion:
- Welche neue Technik habe ich heute ausprobiert?
- Wirkt mein Design ausgewogen?
- Welches Detail möchte ich beim nächsten Mal verbessern?

Tipp: Mutige Experimente führen oft zu den originellsten Ideen.

_____
_____
_____
_____
_____
_____
_____
_____

Outfit-Inspiration: Streetwear

Die Kraft des Layerings (Mehrlagigkeit)

Streetwear bedeutet Kreativität und Spaß beim Kombinieren. Schichte verschiedene Kleidungsstücke - das bringt Dynamik und neue Outfits.

Beginne mit einer lockeren Basis wie einem Top oder T-Shirt, dann füge Schichten hinzu: eine weite Kapuzenjacke, Jeansjacke oder ein kariertes Hemd. Du kannst eine Lage um die Taille binden oder einen Hoodie unter einem Mantel tragen - jede Schicht verändert den Look.

Spiele mit Gegensätzen: weiche Stoffe unter festen Materialien, kräftige Muster kombiniert mit ruhigen Farben. Layering ist nicht nur stylisch, sondern auch praktisch - perfekt für wechselhaftes Wetter oder unterschiedliche Stimmungen.

Übung: Zeichne ein Outfit mit einem schlichten T-Shirt und Cargohose. Füge dann Kapuzenjacke, Oversize-Jacke und Sneaker hinzu. Beobachte, wie jede Schicht dem Look mehr Persönlichkeit verleiht.

Vorlage

Inspiration

Stoffe

Notizen

Details

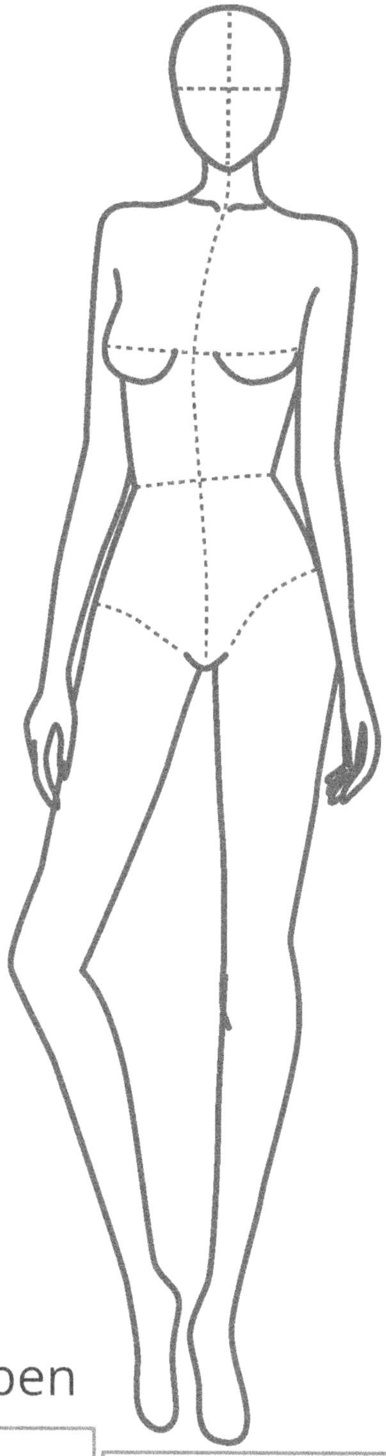

Stoffproben

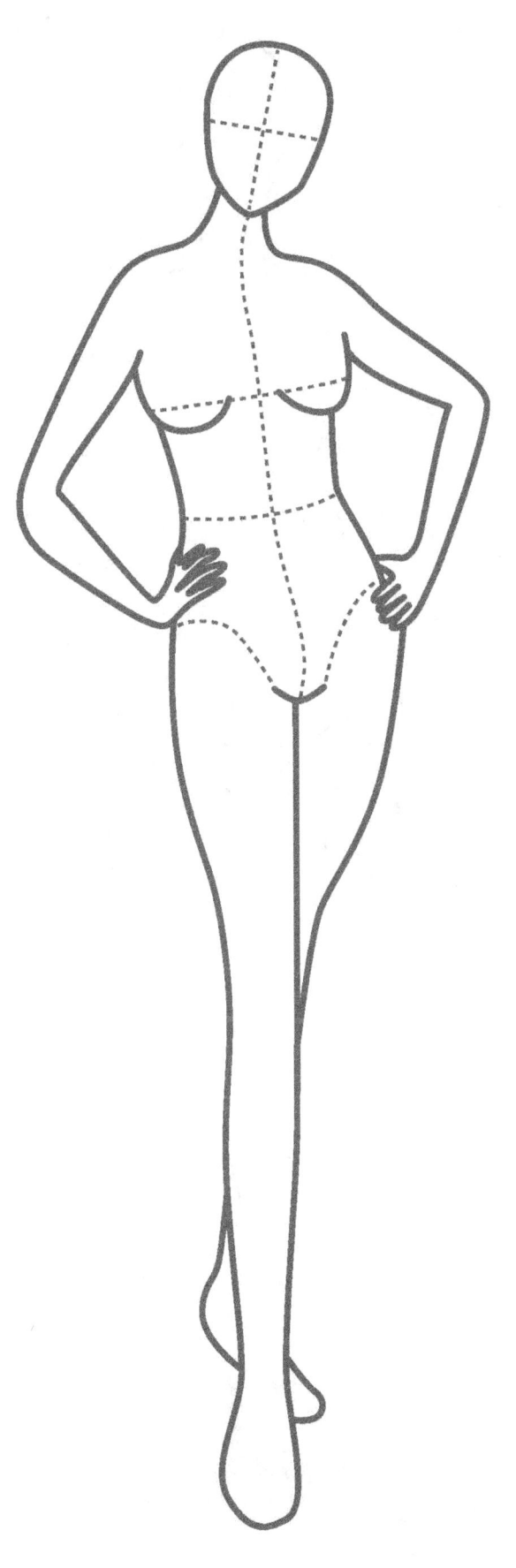
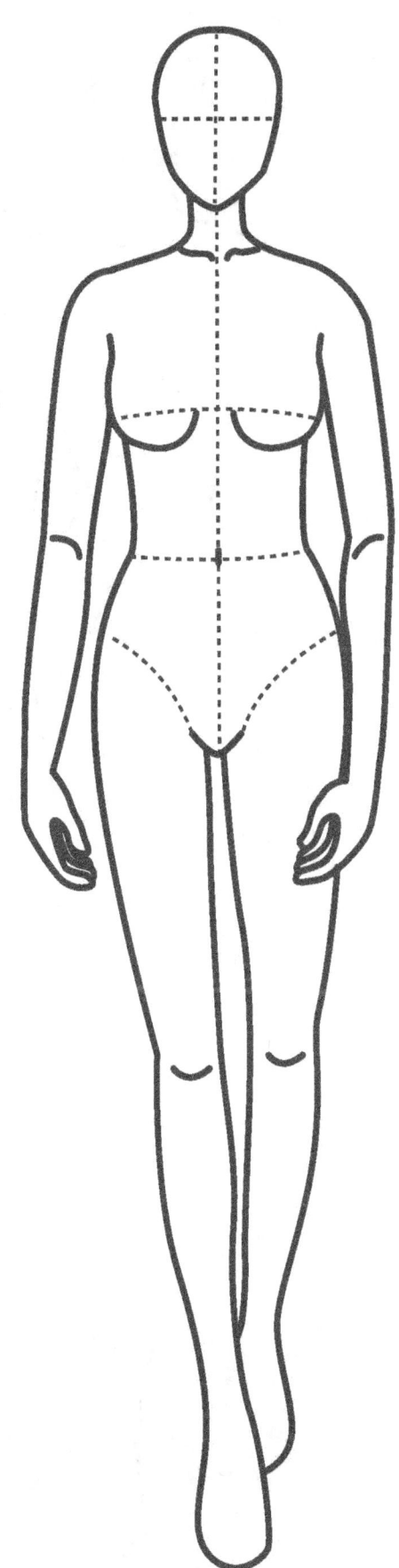

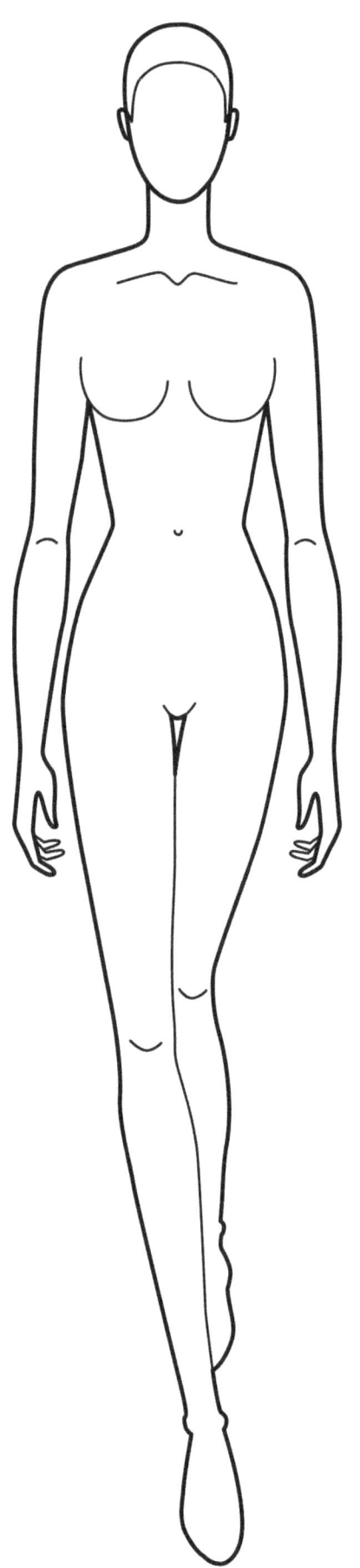
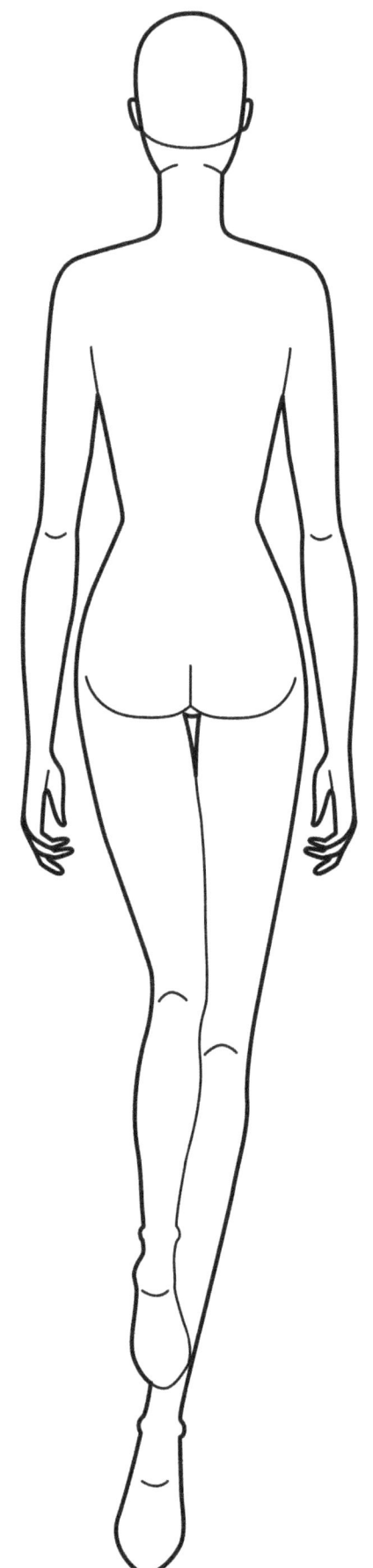

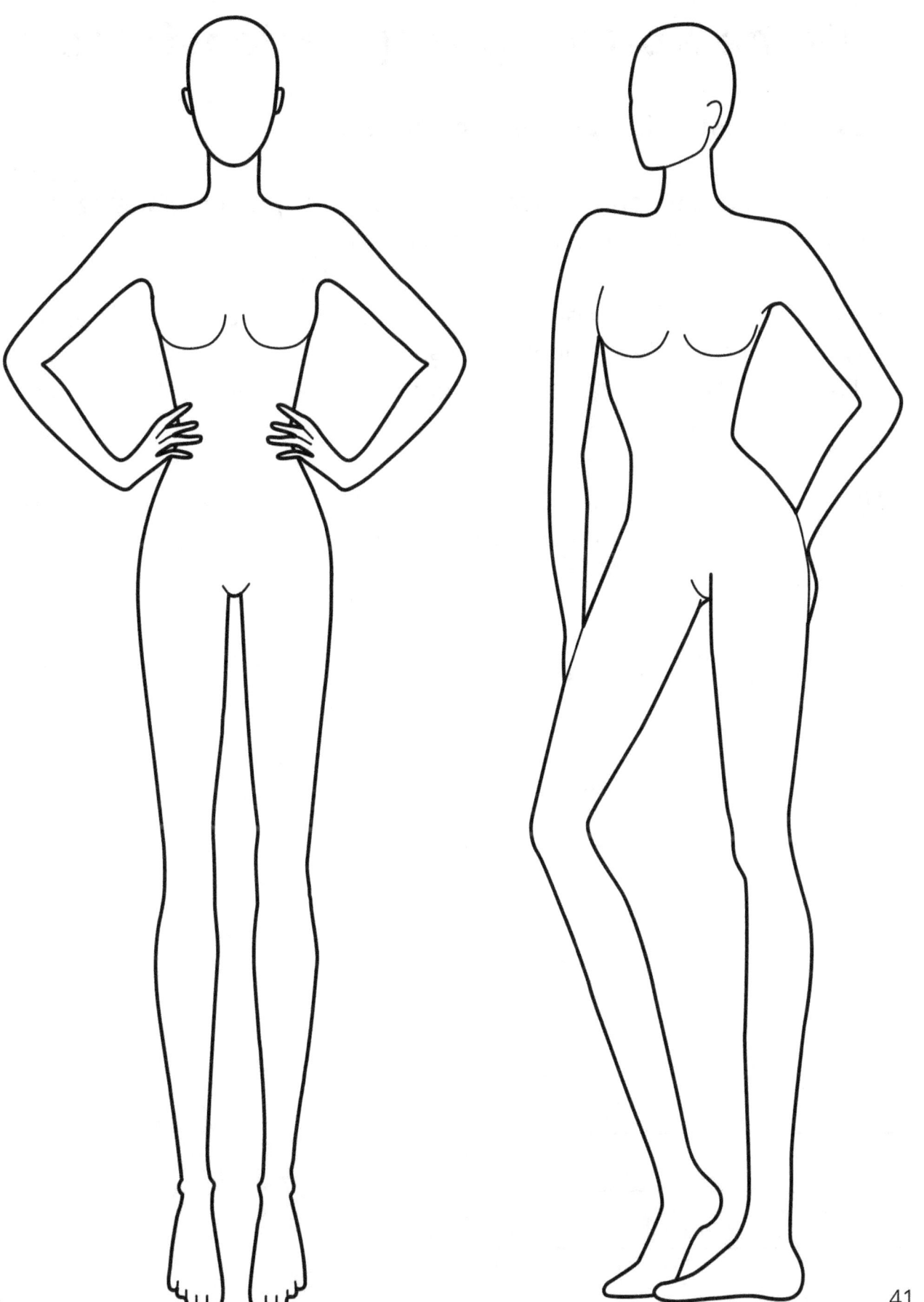

Deine Notizen & Inspirationsfotos

Diese Seite ist deine persönliche Galerie.

Nutze sie, um deinen Fortschritt festzuhalten, Lieblingsdesigns zu sammeln und über deinen Stil nachzudenken.

- Klebe Skizzen, Fotos oder Ausschnitte ein, die dich inspirieren.
- Notiere Farben, Stoffe oder Details, die dir gefallen.
- Lasse Platz, um später zu vergleichen, wie sich dein Stil verändert hat.

Tipp: *Schon ein einziges Bild oder Stoffmuster kann eine ganze Kollektion inspirieren. Bewahre auch kleine Ideen - sie können Großes auslösen.*

Outfit-Inspiration: School Chic & Party Glam

School Chic - Lässig und stilvoll

Denke an Alltagslooks, die deine Persönlichkeit zeigen. Ein Faltenrock mit kurzem Pullover oder weite Jeans mit T-Shirt und Sneakers wirken cool und bequem. Ein Blazer oder eine leichte Jacke geben dem Outfit einen modernen Touch. Accessoires wie Halsketten, Taschen oder Haarspangen machen den Look komplett.

Party Glam - Glanzvoll und selbstbewusst

Für besondere Anlässe darf es funkeln! Metallic-Röcke, glitzernde Tops oder fließende Kleider mit Plateauschuhen - verspielt und mutig. Setze Akzente mit auffälligem Schmuck oder einer kleinen Handtasche. Ziel ist, dich stark und einzigartig zu fühlen - jedes Outfit kann ein Statement sein.

Modepraxis-Leitfaden & Notizen

Design muss nicht perfekt sein - es geht ums Ausprobieren! Skizziere spontan und sieh, was entsteht.

So nutzt du die Seite:
- Zeichne eine 5-Minuten-Skizze als Aufwärmung.
- Konzentriere dich auf ein Element - z. B. Ärmel oder Schuhe.
- Notiere Gedanken zu Farbe, Stoff oder Form.

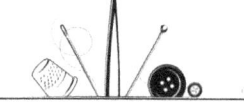

Reflexion:
- Hat das schnelle Zeichnen meine Kreativität gefördert?
- Welches Detail gefällt mir am besten?
- Was würde ich beim nächsten Mal ändern?

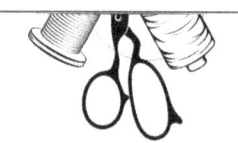

Tipp: *Schnelles Zeichnen hilft dir, locker zu werden - so denkst du wie ein echter Designer.*

_____

_____

_____

_____

_____

_____

_____

_____

Outfit-Inspiration: Streetwear

Sportlich & Cool - Energie trifft Stil

Sportliche Mode steht für Komfort mit Haltung. Kombiniere Jogginghosen mit kurzen Tops, weiten Hoodies oder sportlichen Jacken. Achte auf Ausgewogenheit - weite Hosen zu engem Oberteil oder umgekehrt.

- **Accessoires**: Fischerhüte, klobige Sneaker, kleine Umhängetaschen.
- **Stoffe**: Baumwollmischungen, Stretchstoffe und leichte Strickmaterialien. Füge ein glänzendes oder farbiges Teil hinzu - das macht den Look lebendig.

Tipp: Entwirf ein Outfit, das sowohl im Unterricht als auch am Wochenende passt - bequem, lässig und selbstbewusst.

Vorlage

Inspiration

Stoffe

Notizen

Details

Stoffproben

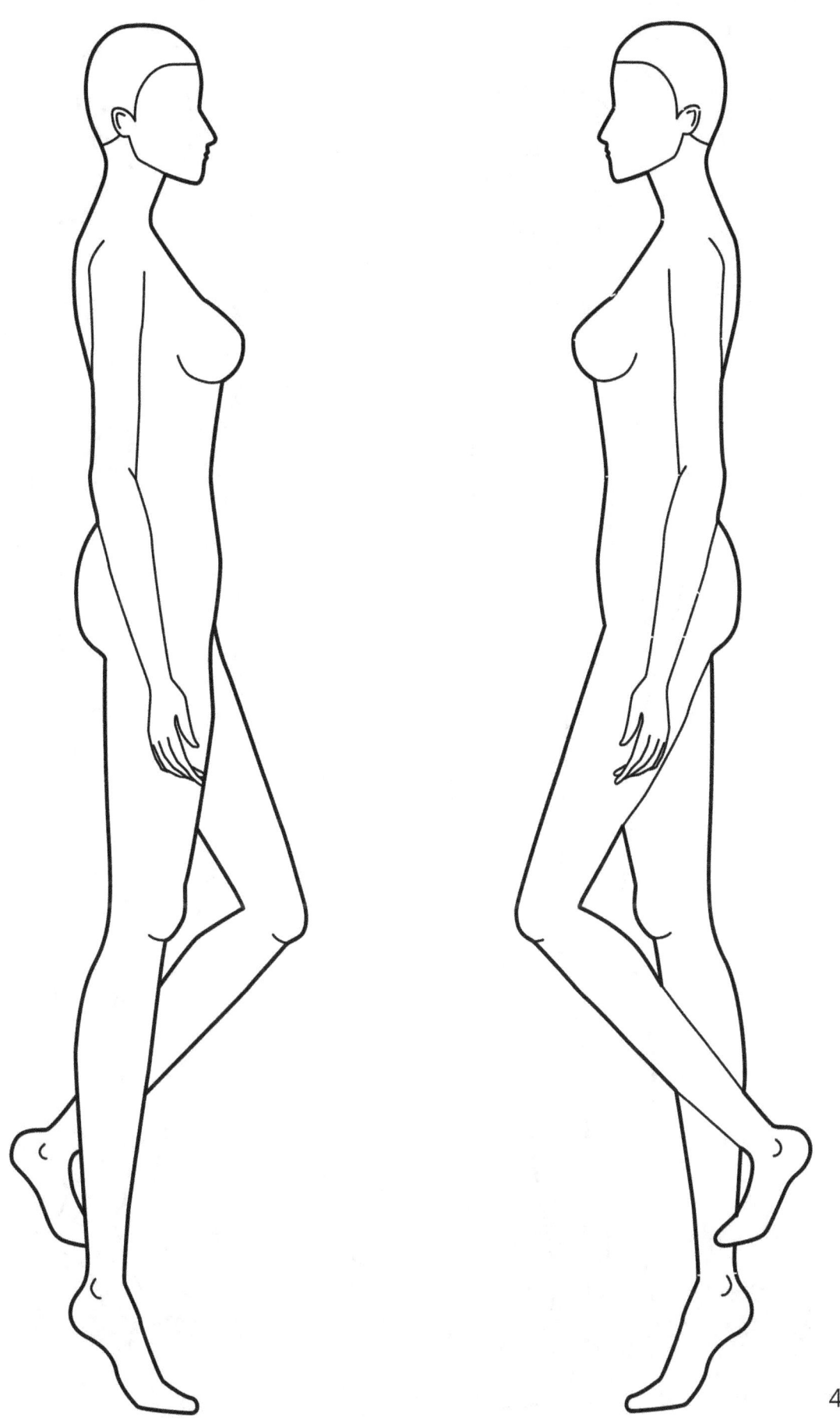

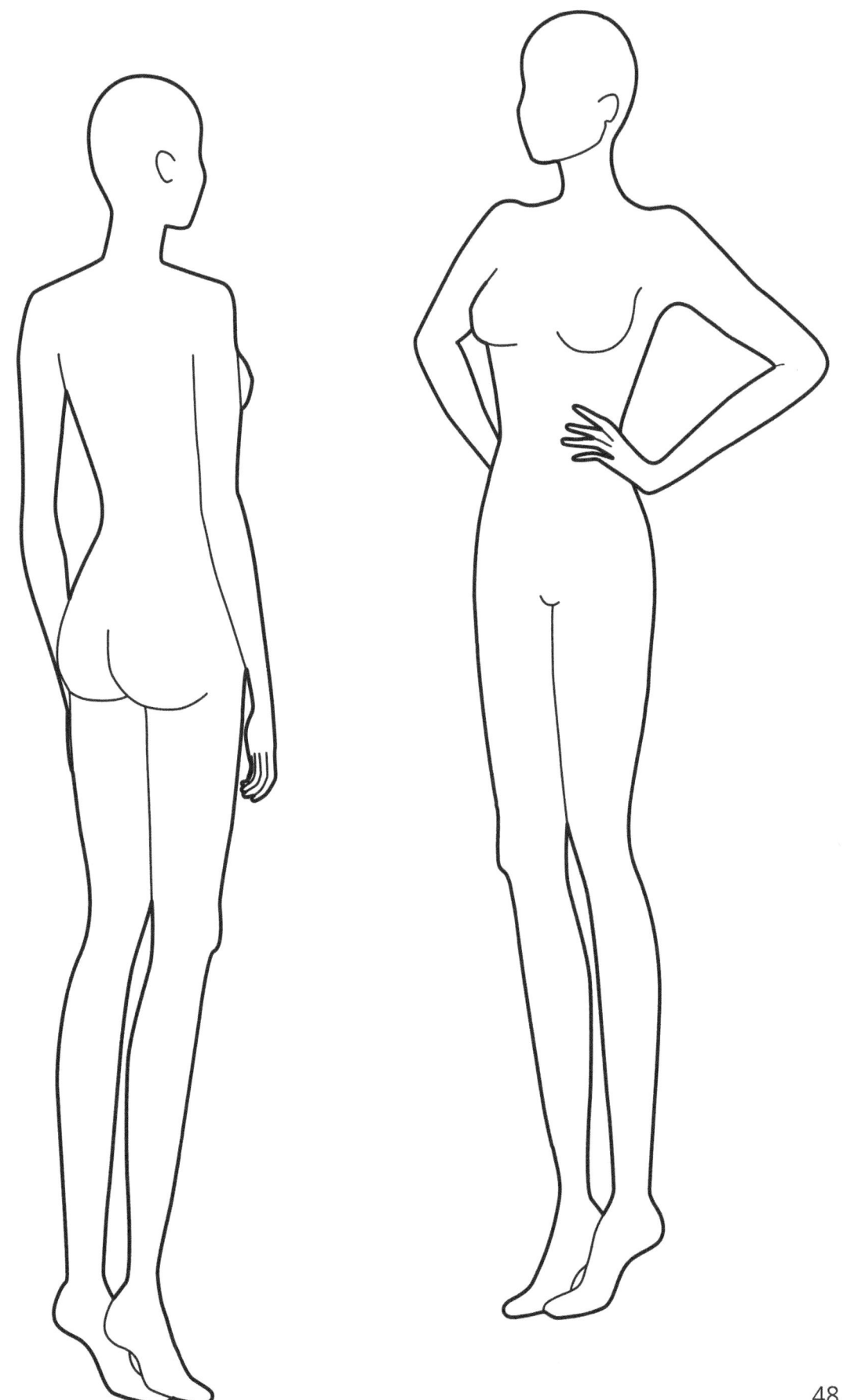

Deine Notizen & Inspirationsfotos

Diese Seite ist deine persönliche Galerie.

Nutze sie, um deinen Fortschritt festzuhalten, Lieblingsdesigns zu sammeln und über deinen Stil nachzudenken.

- Klebe Skizzen, Fotos oder Ausschnitte ein, die dich inspirieren.
- Notiere Farben, Stoffe oder Details, die dir gefallen.
- Lasse Platz, um später zu vergleichen, wie sich dein Stil verändert hat.

Tipp: Schon ein einziges Bild oder Stoffmuster kann eine ganze Kollektion inspirieren. Bewahre auch kleine Ideen - sie können Großes auslösen.

Outfit-Inspiration: School Smart & Futuristische Looks

School Smart - Cool und gepflegt

Ein Look, der ordentlich wirkt, aber nicht steif ist. Weite Hosen, schlichte Tops und leichte Blazer oder Strickjacken sind ideal. Farbakzente in Pastell oder sanftem Gelb, Grün oder Blau bringen Frische.

Schuhe: Sneaker, Loafer oder kurze Stiefel. Ein Look, der sowohl bequem als auch elegant ist.

Futuristische Mode - Mutig und modern

Hier geht es um metallische Akzente und klare Formen. Denke an silberne Jacken, schimmernde Stoffe oder geometrische Accessoires. Wichtig ist das Gleichgewicht - kombiniere auffällige Materialien mit schlichten Stücken. Dieser Stil steht für Kreativität und Selbstvertrauen.

Modepraxis-Leitfaden & Notizen

Mode erzählt immer eine Geschichte. Nutze diese Seite, um ein Design zu entwerfen, das von deiner Stimmung, deinem Lieblingslied oder einem Film inspiriert ist.

So nutzt du die Seite:
- Wähle ein Thema (z. B. Selbstvertrauen, Reisen oder Freundschaft).
- Übersetze diese Idee in Formen, Linien und Farben.
- Füge Details hinzu, die dein Outfit persönlich machen.

Reflexion & Notizen:
- Passt meine Skizze zu dem Gefühl, das ich ausdrücken wollte?
- Welches Detail erzählt meine Geschichte am besten?
- Was könnte das Design noch „mehr ich" machen?

Tipp: Die besten Entwürfe entstehen aus dem, was dich wirklich inspiriert.

_____
_____
_____
_____
_____
_____
_____
_____
_____

Outfit-Inspiration: Streetwear

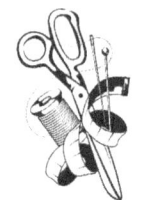

Denim Comeback - Klassisch und cool zugleich

Jeansstoff kommt nie aus der Mode! Hoch geschnittene Jeans, kurze Jacken oder Patchwork-Röcke - alles passt. Kombiniere helle und dunkle Waschungen oder trage Jeans oben und unten für einen trendigen Look.

Übung: Zeichne eine weite Jeansjacke mit lässiger Hose und einem farbigen T-Shirt. Füge Sneaker, Anstecknadeln oder einen auffälligen Gürtel hinzu, um das Outfit lebendig zu machen.

Individuell gestalten: Zeichnungen, Stickereien oder selbstgemachte Patches verwandeln schlichte Jeans in dein persönliches Statement.

Tipp: *Jeans ist deine Leinwand - mach sie so kreativ wie du selbst bist!*

Vorlage

Inspiration

Stoffe

Notizen

Details

Stoffproben

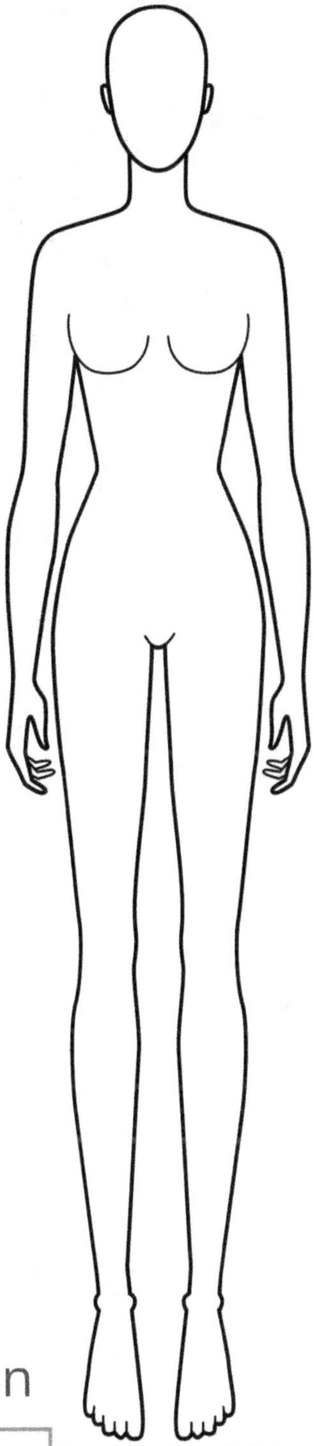

53

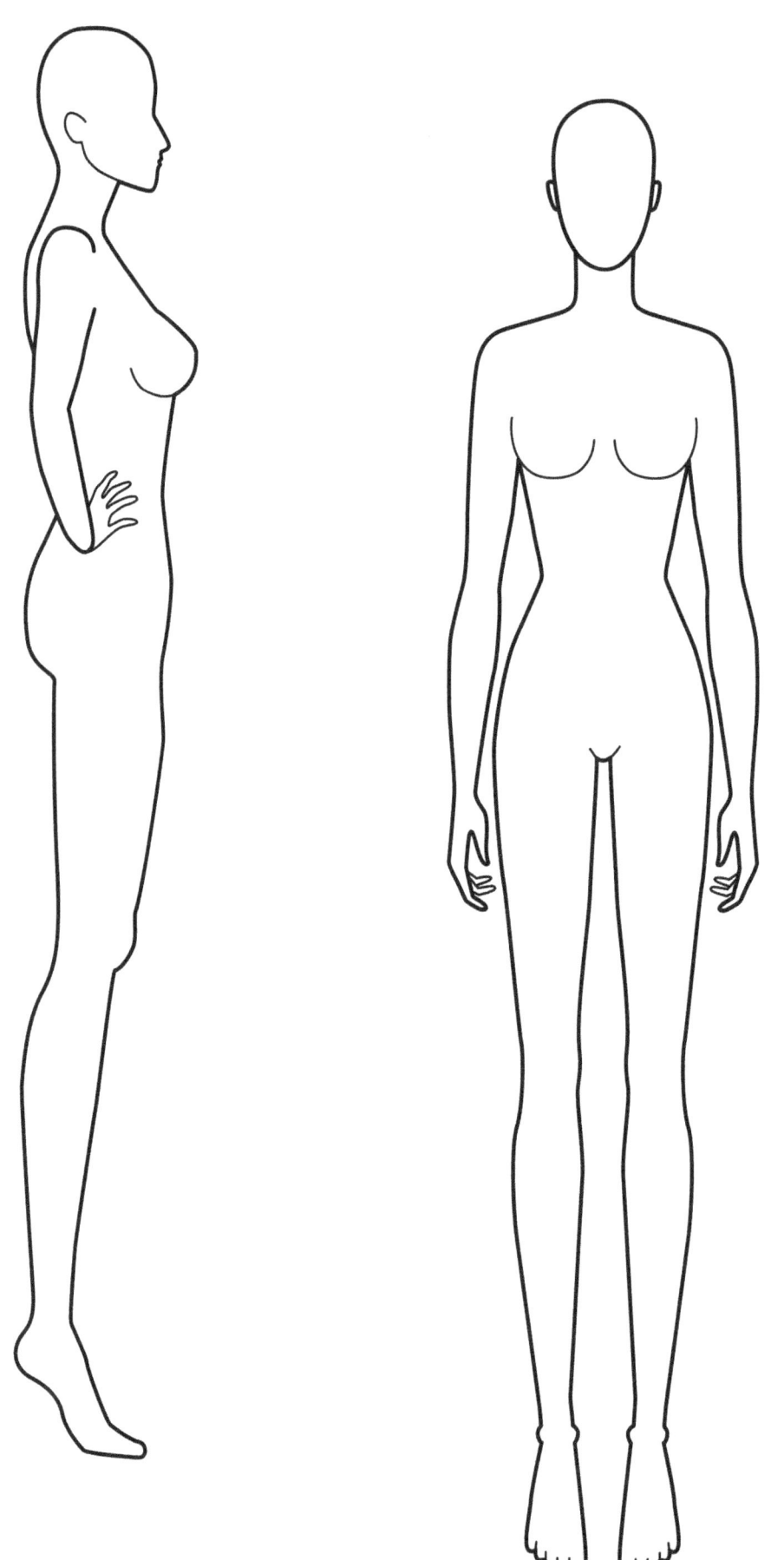

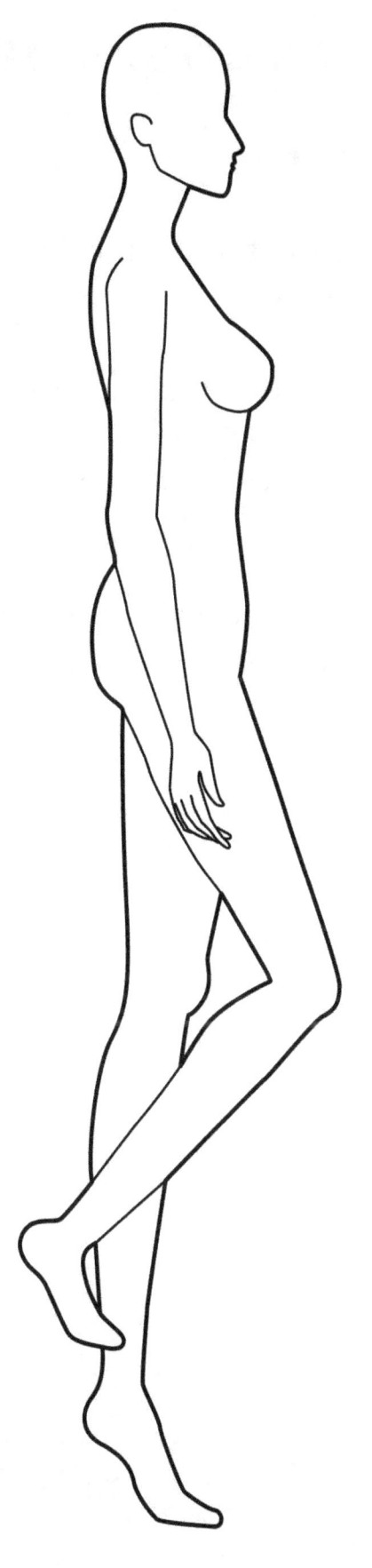

Deine Notizen & Inspirationsfotos

Diese Seite ist deine persönliche Galerie.

Nutze sie, um deinen Fortschritt festzuhalten, Lieblingsdesigns zu sammeln und über deinen Stil nachzudenken.

- Klebe Skizzen, Fotos oder Ausschnitte ein, die dich inspirieren.
- Notiere Farben, Stoffe oder Details, die dir gefallen.
- Lasse Platz, um später zu vergleichen, wie sich dein Stil verändert hat.

Tipp: Schon ein einziges Bild oder Stoffmuster kann eine ganze Kollektion inspirieren. Bewahre auch kleine Ideen - sie können Großes auslösen.

Outfit-Inspiration:
Creative Campus & Festival Glam

Creative Campus - Kreativ im Alltag

Zeig deinen Stil, auch an Schultagen. Gemusterte Hosen, Shirts mit Prints oder auffällige Accessoires bringen Persönlichkeit in den Look. Weite Pullover oder lange Strickjacken sorgen für Bequemlichkeit und Stil zugleich.

Festival Glam - Farben, Musik und Freiheit

Denke an fließende Kleider, bunte Tops mit Fransen und viele Ketten. Glänzende Details oder verspielte Muster machen den Look lebendig. Hier geht es um Freude und Selbstausdruck - perfekt für dein Traum-Sommeroutfit!

Modepraxis-Leitfaden & Notizen

Regeln sind da, um gebrochen zu werden! Nutze diese Seite, um neue Kombinationen auszuprobieren - auch solche, die du dir sonst nicht zutrauen würdest.

So nutzt du die Seite:
- Mische zwei Stilrichtungen (z. B. sportlich & elegant).
- Füge Accessoires hinzu, die die Stimmung verändern.
- Notiere, was gut funktioniert hat - und was nicht.

Reflexion & Notizen:
- Habe ich eine neue Stilidee entdeckt?
- Was hat mich am meisten überrascht?
- Würde ich dieses Outfit selbst tragen?

Tipp: *Mutige Experimente führen oft zu den originellsten Ideen.*

_____

_____

_____

_____

_____

_____

_____

_____

Outfit-Inspiration: Streetwear

Oversized Energy - Spiel mit Formen

Große Silhouetten bedeuten großes Selbstvertrauen! Stell dir einen extraweiten Hoodie, Cargohosen oder eine lockere Jeansjacke vor. Achte auf Gleichgewicht: weite Oberteile mit engeren Hosen oder kurze Tops mit weiten Hosen.

Neutrale Farben wirken klassisch, aber ein kräftiger Farbton oder Pastell bringt Energie in den Look.

Tipp: Übertreibe beim Zeichnen die Formen ein wenig - so wirkt dein Design lebendig und stark.

Vorlage
_____
_____
_____

Inspiration
_____
_____
_____

Stoffe
_____
_____
_____

Notizen
_____
_____
_____

Details

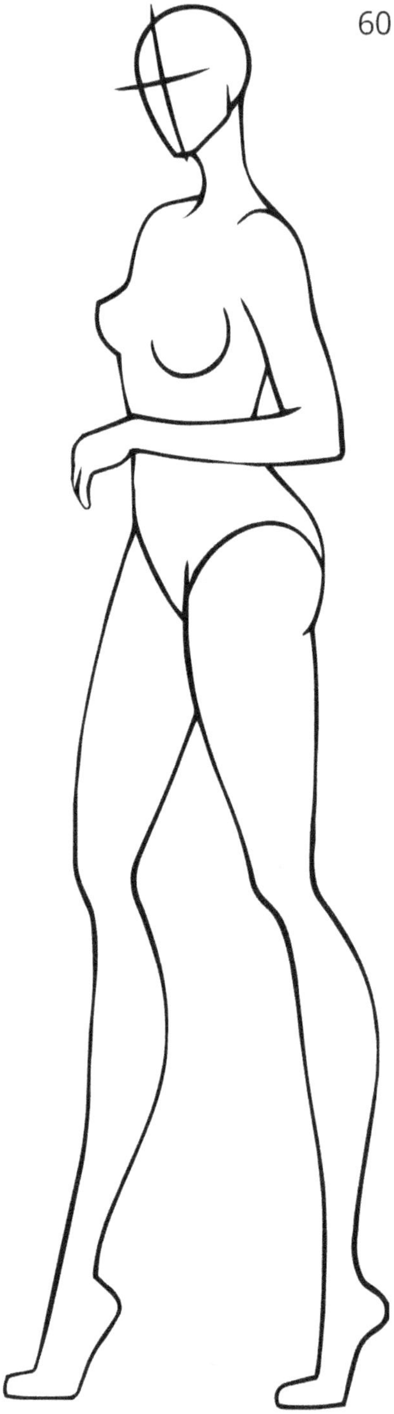

Stoffproben

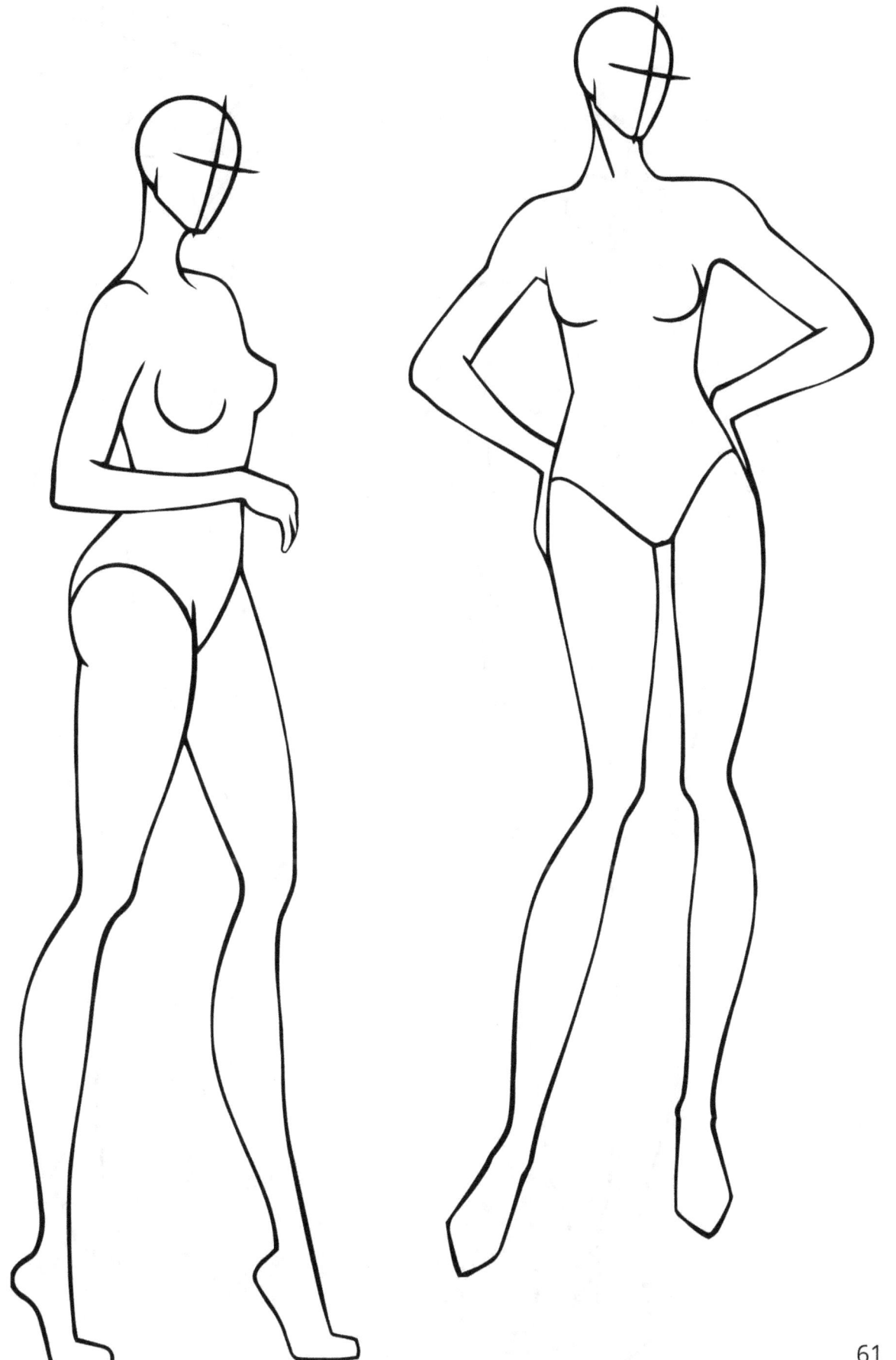

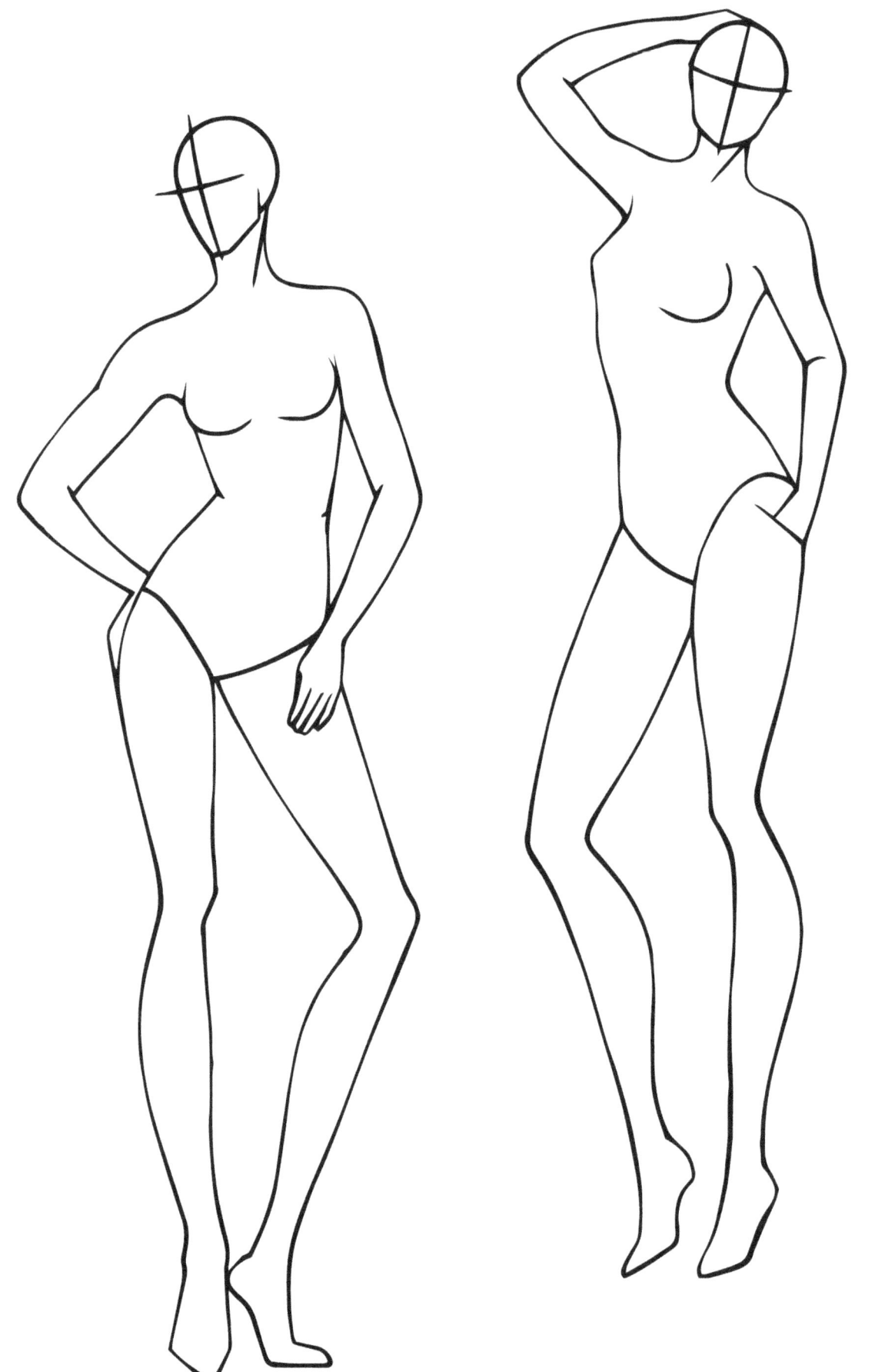

Deine Notizen & Inspirationsfotos

Diese Seite ist deine persönliche Galerie.

Nutze sie, um deinen Fortschritt festzuhalten, Lieblingsdesigns zu sammeln und über deinen Stil nachzudenken.

- Klebe Skizzen, Fotos oder Ausschnitte ein, die dich inspirieren.
- Notiere Farben, Stoffe oder Details, die dir gefallen.
- Lasse Platz, um später zu vergleichen, wie sich dein Stil verändert hat.

Tipp: Schon ein einziges Bild oder Stoffmuster kann eine ganze Kollektion inspirieren. Bewahre auch kleine Ideen - sie können Großes auslösen.

Outfit-Inspiration:
Confident Daywear & Nachhaltiger Glamour

Selbstbewusste Alltagsmode

Power-Looks sind nicht nur für Erwachsene - sie zeigen, dass du bereit bist für den Tag. Probiere einen taillierten Blazer mit weiten Jeans oder ein Hemdkleid mit Sneakern. Kräftige Farben wie Smaragdgrün, Pflaume oder Marineblau vermitteln Stärke ohne steif zu wirken.

Nachhaltiger Glamour

Mode mit Sinn! Verwende umweltfreundliche Ideen - recycelte Stoffe, Secondhand-Details oder eigene Upcycling-Ideen. Stell dir ein Kleid aus wiederverwendeten Materialien oder handbemalten Mustern vor. Kreativität kann auch achtsam mit der Welt umgehen.

Modepraxis-Leitfaden & Notizen

Designs sollten nicht nur gut aussehen, sondern sich auch gut anfühlen. Überlege, wie dein Outfit im Alltag funktionieren würde.

So nutzt du die Seite:
- Entwirf ein Outfit für eine bestimmte Situation (Schule, Feier, Wochenendausflug).
- Stell dir vor, wie sich die Person darin bewegt.
- Notiere Gedanken zu Komfort, Stoffen und Passform.

Reflexion & Notizen:
- Ist mein Outfit bequem zu tragen?
- Was macht es besonders praktisch?
- Wie könnte ich es vielseitiger gestalten?

Tipp: Die besten Designs verbinden Komfort mit Kreativität.

_____
_____
_____
_____
_____
_____
_____
_____
_____

Outfit-Inspiration: Streetwear

Grafischer Ausdruck - Zeig's mit Stil

Dein Outfit kann für dich sprechen! Kräftige Aufdrucke und Schriftzüge zeigen Selbstbewusstsein und Individualität. Gestalte T-Shirts mit Sprüchen, Hoodies mit Zeichnungen oder Jacken mit selbstgemalten Rückseiten.

Design-Übung:

Zeichne einen Hoodie und entwirf deinen eigenen Rückendruck - vielleicht deine Initialen, ein Symbol oder ein Satz, der dich beschreibt.

Stoff-Tipp: Im echten Leben kann man mit Siebdruck oder Patches arbeiten - auf Papier ist deine Fantasie grenzenlos!

Vorlage

Inspiration

Stoffe

Notizen

Details

Stoffproben

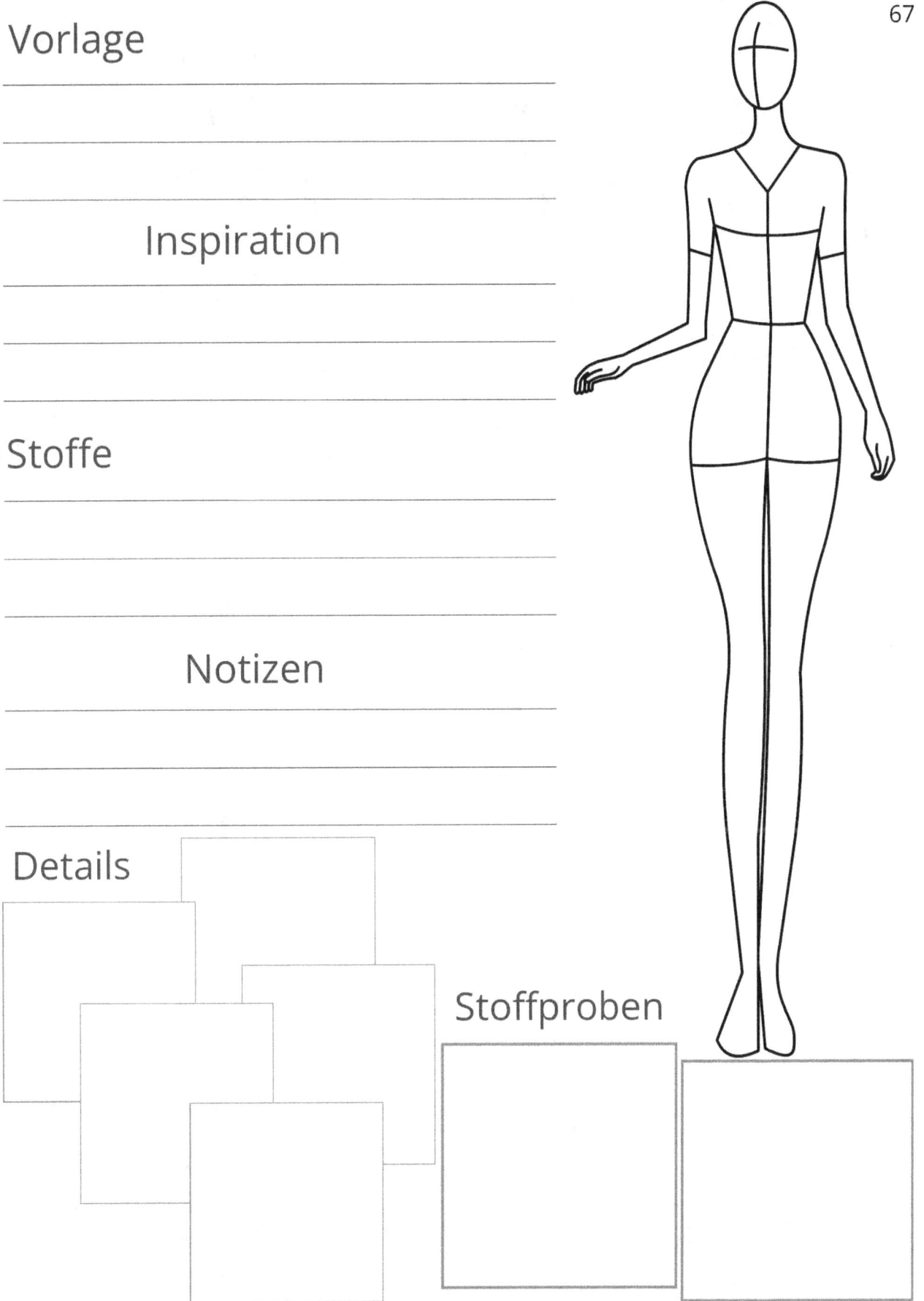

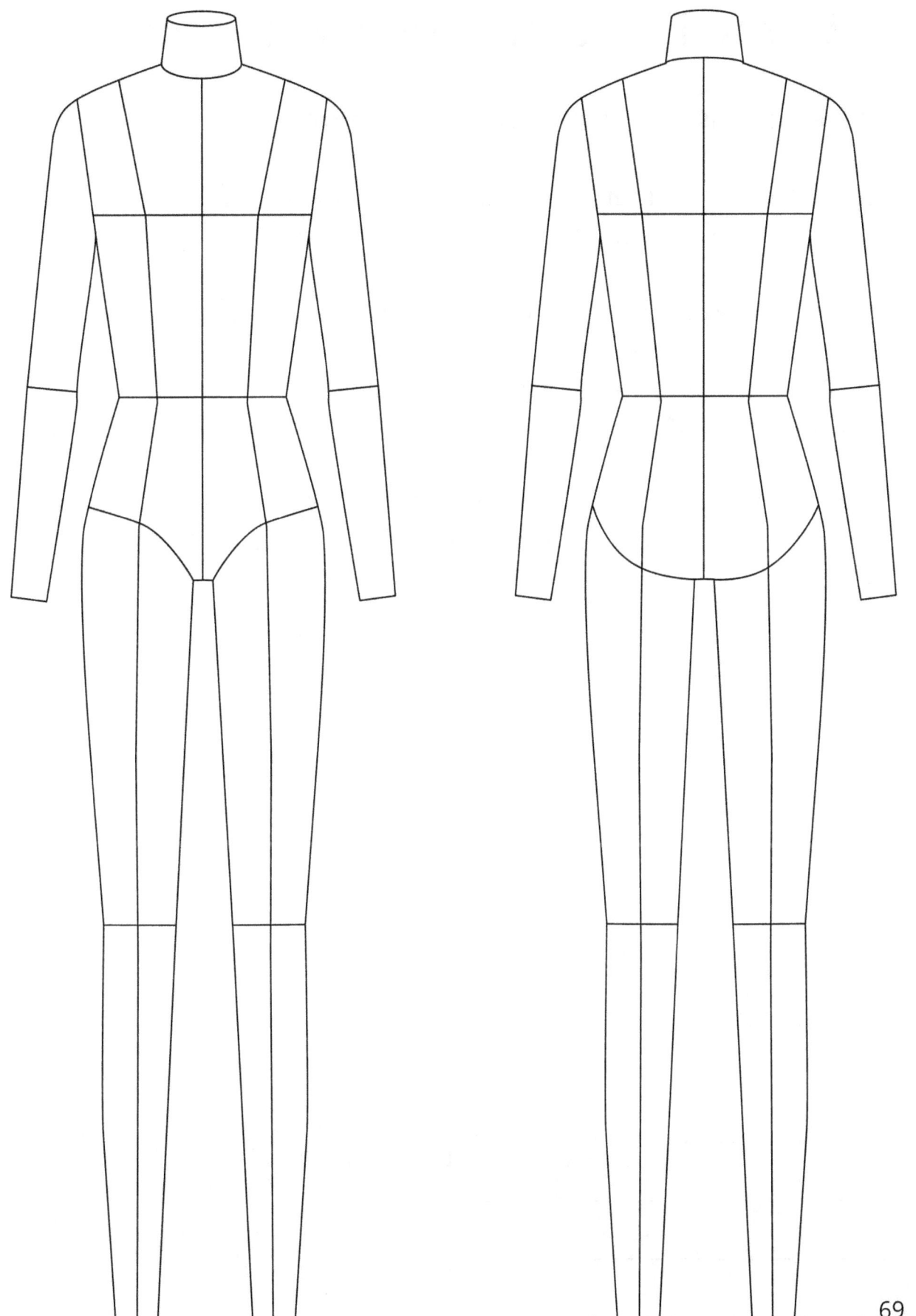

Deine Notizen & Inspirationsfotos

Diese Seite ist deine persönliche Galerie.

Nutze sie, um deinen Fortschritt festzuhalten, Lieblingsdesigns zu sammeln und über deinen Stil nachzudenken.

- Klebe Skizzen, Fotos oder Ausschnitte ein, die dich inspirieren.
- Notiere Farben, Stoffe oder Details, die dir gefallen.
- Lasse Platz, um später zu vergleichen, wie sich dein Stil verändert hat.

Tipp: Schon ein einziges Bild oder Stoffmuster kann eine ganze Kollektion inspirieren. Bewahre auch kleine Ideen - sie können Großes auslösen.

Outfit-Inspiration:
Casual Friday & Couture Dream

Casual Friday - Locker und schick

Ein Look, der gleichzeitig entspannt und stilvoll ist.
Jeans mit einem schönen Oberteil und Sneakers oder Stiefeletten - perfekt für den Alltag. Ein Blazer sorgt für Struktur, eine Jeansjacke für Lässigkeit. Halte Accessoires schlicht, aber wirkungsvoll.

Couture Dream - Große Träume, großer Stil

Hier darfst du übertreiben! Stell dir ein fließendes Kleid, glänzende Stoffe oder große Schleifen vor. Haute Couture bedeutet Fantasie - nicht Regeln. Gestalte etwas, das luxuriös und einzigartig wirkt.

Modepraxis-Leitfaden & Notizen

Strukturen machen deine Designs lebendig!

So nutzt du die Seite:
- Skizziere ein Outfit und beschrifte deine Stoffideen.
- Kombiniere weiche und feste Materialien.
- Notiere, wie sich jeder Stoff anfühlen oder bewegen sollte.

Reflexion & Notizen:
- Welche Materialkombination wirkt am besten?
- Habe ich Weichheit und Struktur gut ausbalanciert?
- Wie kann ich es realistischer darstellen?

Tipp: *Die richtige Textur verwandelt eine flache Skizze in echte Mode.*

Outfit-Inspiration: Streetwear

Chillige Neutraltöne

Neutral ist alles andere als langweilig! Beige, Grau, Weiß und Schwarz können super modern wirken, wenn man sie richtig kombiniert. Probiere Jogginghosen mit Crop-Top oder einen weiten Mantel mit Sneakern. Ein einzelner Farbakzent - etwa Rot oder Neongrün - bringt Leben ins Outfit.

Zeichenidee:

Entwirf ein Outfit nur mit neutralen Farben und füge dann ein auffälliges Detail hinzu. Beobachte, wie sich die Wirkung verändert.

Vorlage

Inspiration

Stoffe

Notizen

Details

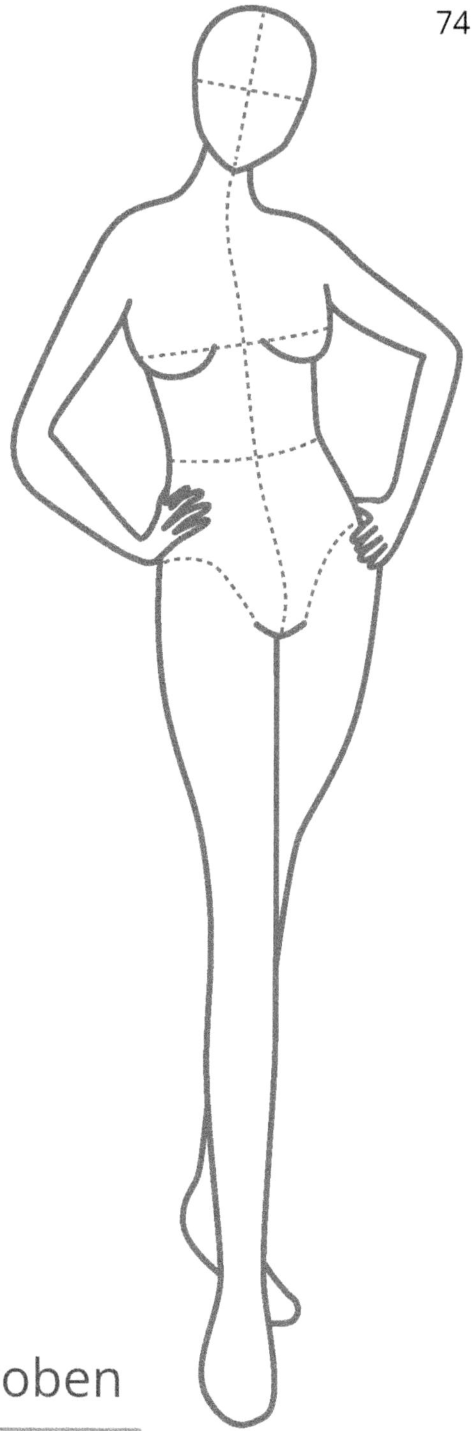

Stoffproben

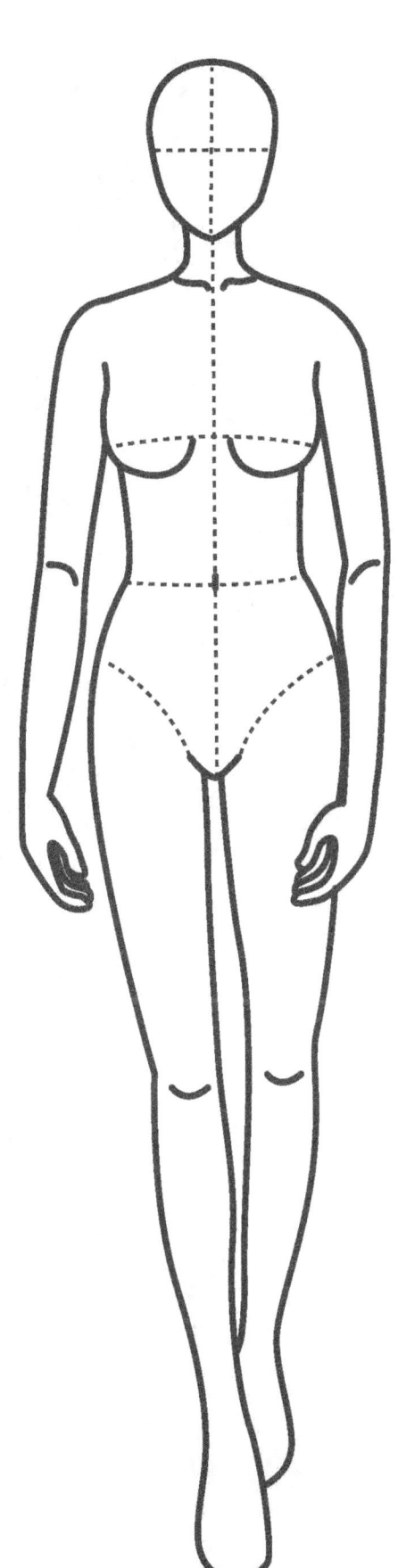
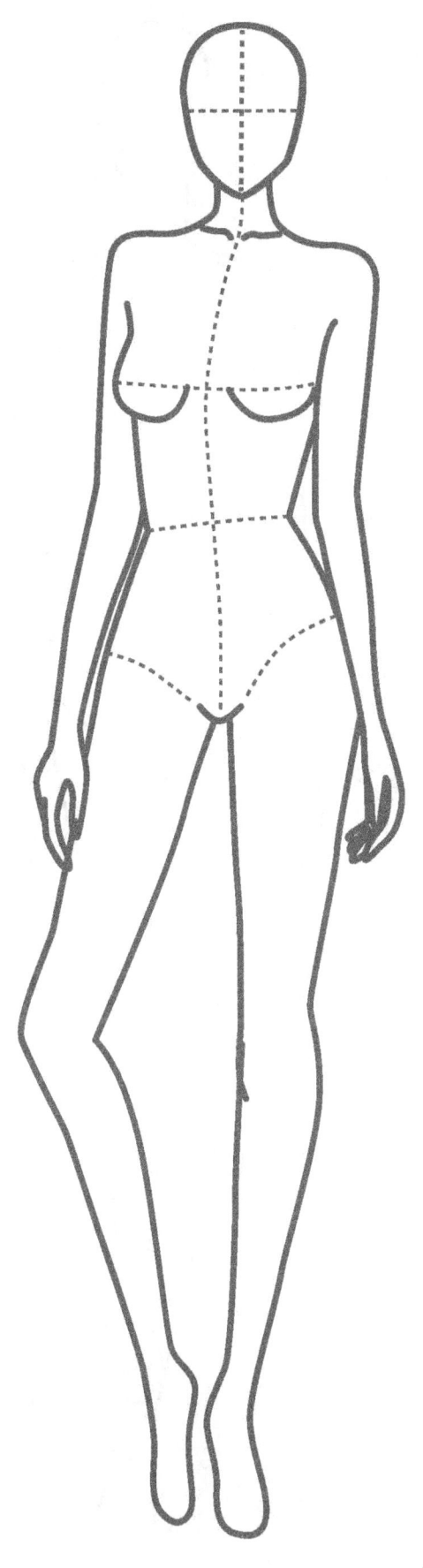

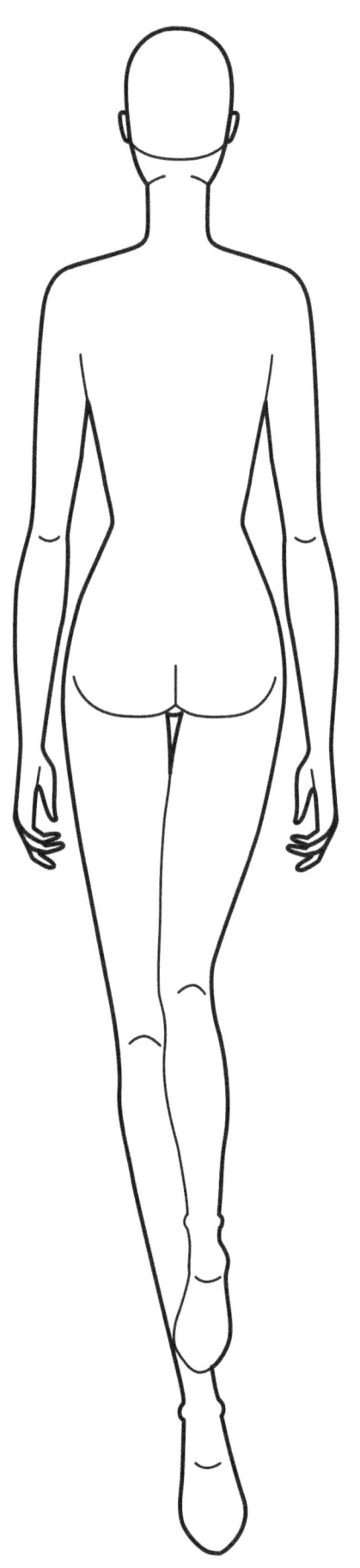
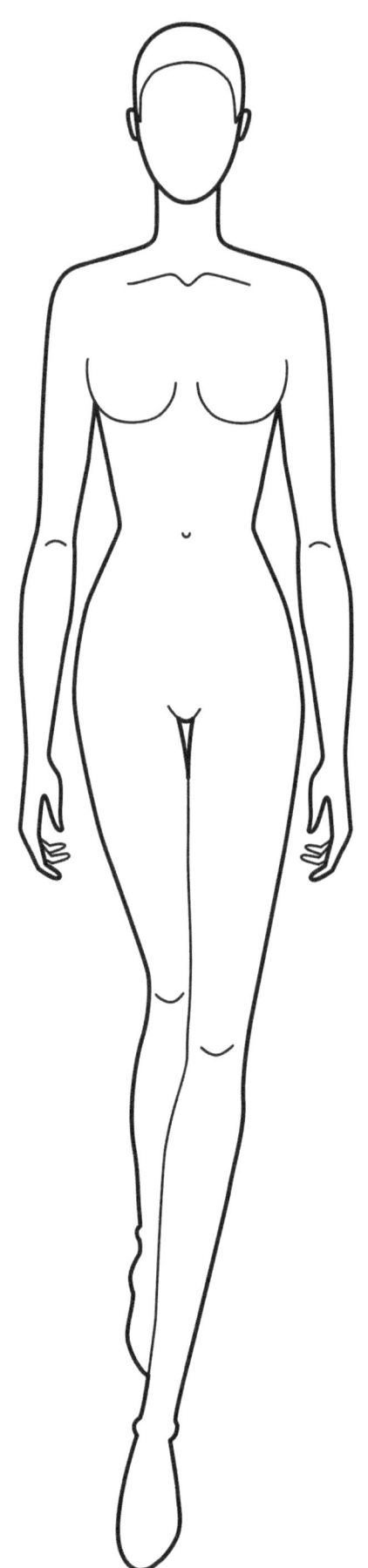

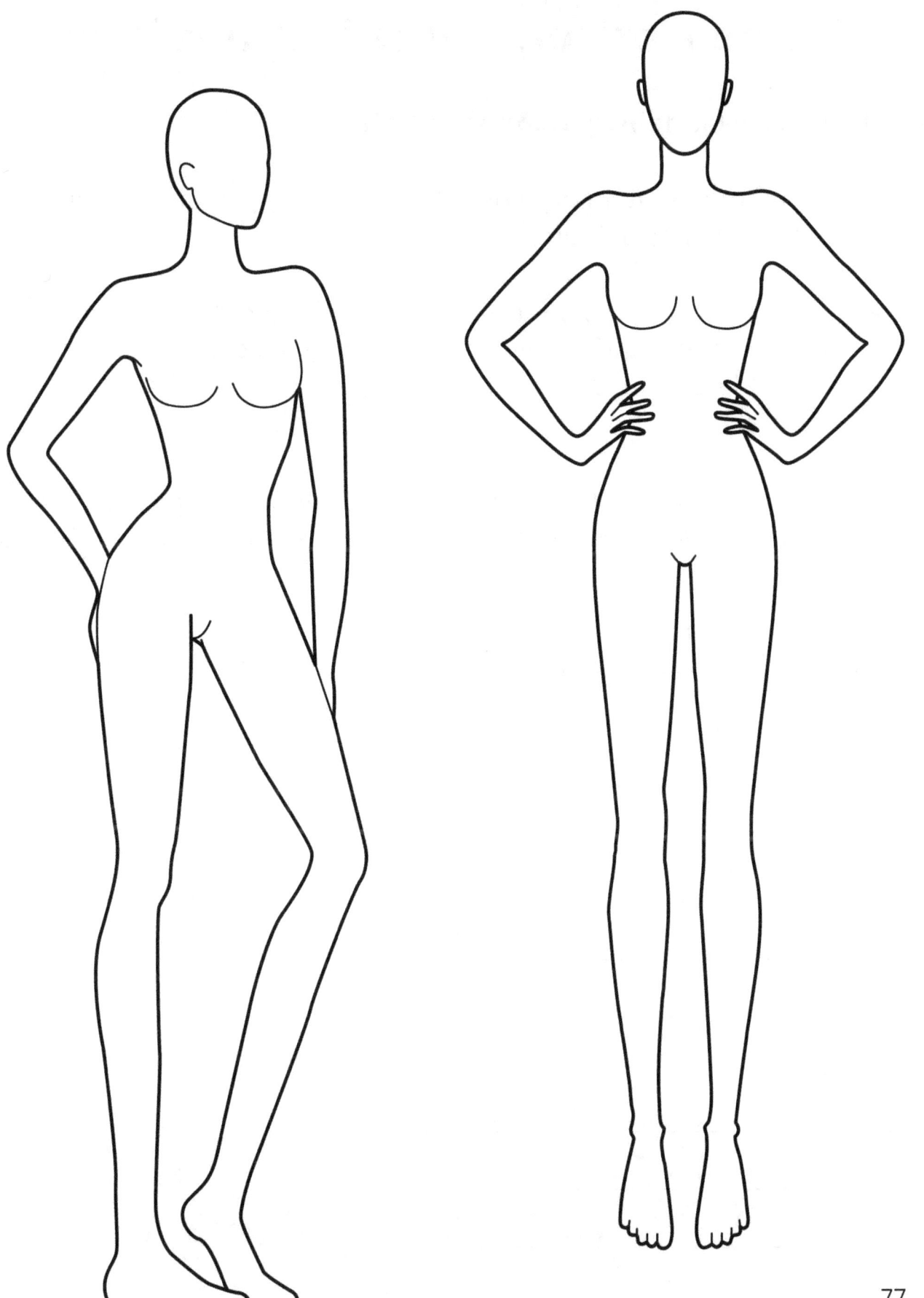

Deine Notizen & Inspirationsfotos

Diese Seite ist deine persönliche Galerie.

Nutze sie, um deinen Fortschritt festzuhalten, Lieblingsdesigns zu sammeln und über deinen Stil nachzudenken.

- Klebe Skizzen, Fotos oder Ausschnitte ein, die dich inspirieren.
- Notiere Farben, Stoffe oder Details, die dir gefallen.
- Lasse Platz, um später zu vergleichen, wie sich dein Stil verändert hat.

Tipp: *Schon ein einziges Bild oder Stoffmuster kann eine ganze Kollektion inspirieren. Bewahre auch kleine Ideen - sie können Großes auslösen.*

Outfit-Inspiration: Monochrome Mood & Minimal Glam

Monochrome Mood - Eine Farbe, viele Töne

Wähle eine Farbe und spiele mit ihren Schattierungen - von Himmelblau bis Marine oder von Rosa bis Rot. Durch verschiedene Stoffarten wie Strick, Satin oder Denim bleibt der Look spannend. Monochrome Outfits wirken ruhig und selbstsicher.

Minimal Glam - Schlicht und stark

Ein klarer Schnitt, eine ruhige Farbe und ein besonderes Accessoire - das reicht. Zum Beispiel ein eleganter Jumpsuit mit glänzenden Ohrringen oder ein schlichtes Kleid mit auffälliger Tasche.

Tipp: *Weniger ist oft mehr - lass die Form und den Stil für sich sprechen.*

Modepraxis-Leitfaden & Notizen

Accessoires können ein Outfit völlig verändern!

So nutzt du die Seite:
- Beginne mit einem einfachen Grundoutfit.
- Ergänze 2-3 verschiedene Sets an Accessoires.
- Vergleiche, wie sich die Stimmung verändert.

Reflexion & Notizen:
- Welche Variante passt am besten zu mir?
- Haben die Accessoires das Outfit verbessert oder abgelenkt?
- Wie kann ich das nächste Mal die richtige Balance finden?

Tipp: Schon das kleinste Accessoire kann den größten Unterschied machen.

Outfit-Inspiration: Streetwear

Streetwear mit femininer Note

Streetwear muss nicht immer sportlich oder jungenhaft wirken. Du kannst ihn weicher und verspielter gestalten, indem du feminine Details einbaust - zum Beispiel einen Minirock mit Sneakers kombinierst oder ein Slipdress über ein T-Shirt trägst.

Spiele mit Stoffen und Strukturen:

Satinröcke mit Hoodies, Jeansshorts mit Spitzentops - das Zusammenspiel von Lässig und Zart schafft Balance und Persönlichkeit.

Zeichen-Challenge: Entwirf ein Outfit, das etwas Feminines (z. B. Rock oder süßes Oberteil) mit einem Streetwear-Teil (Sneakers, Jogginghose oder Hoodie) kombiniert.

Tipp: Echtes Selbstvertrauen zeigt sich, wenn du einfach das mischst, was du liebst. Vergiss Etiketten wie „männlich" oder „weiblich" - mach es zu deinem Stil.

Vorlage

Inspiration

Stoffe

Notizen

Details

Stoffproben

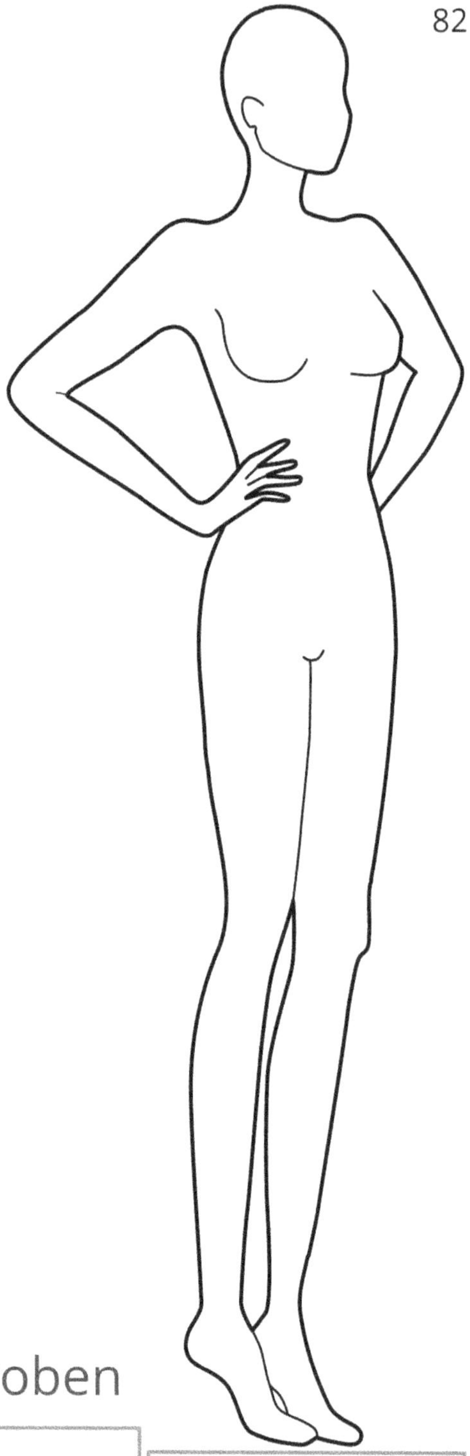

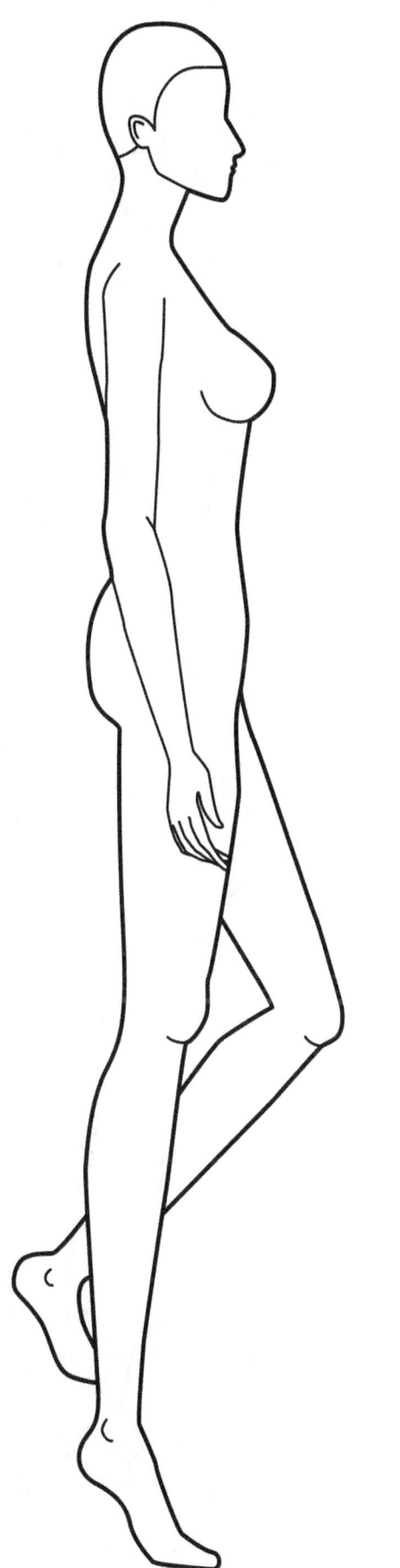

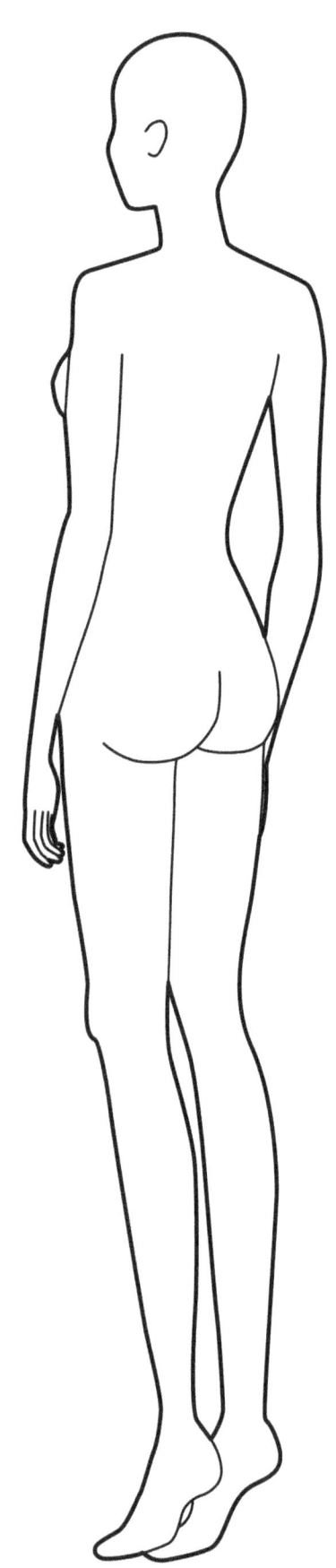

Deine Notizen & Inspirationsfotos

Diese Seite ist deine persönliche Galerie.

Nutze sie, um deinen Fortschritt festzuhalten, Lieblingsdesigns zu sammeln und über deinen Stil nachzudenken.

- Klebe Skizzen, Fotos oder Ausschnitte ein, die dich inspirieren.
- Notiere Farben, Stoffe oder Details, die dir gefallen.
- Lasse Platz, um später zu vergleichen, wie sich dein Stil verändert hat.

Tipp: *Schon ein einziges Bild oder Stoffmuster kann eine ganze Kollektion inspirieren. Bewahre auch kleine Ideen - sie können Großes auslösen.*

Outfit-Inspiration:
School Smart & Futuristic Glam

School Smart - Elegant und alltagstauglich

Gib deinem Schul-Look einen Hauch von Eleganz. Trage eine Bluse mit feinen Rüschen, Faltenröcke oder weite Hosen in Pastellfarben. Kombiniere sie mit neutralen Sneakers oder Loafern und dezentem Schmuck - stilvoll und bequem zugleich.

Futuristic Glam - Glanz trifft Kreativität

Hier verschmelzen Fantasie und Glitzer. Stell dir fließende Stoffe mit metallischen oder holografischen Akzenten vor. Kleider mit strukturierten Oberteilen und leichten Röcken erzeugen den perfekten Kontrast. Füge silberne Gürtel oder geometrische Ohrringe hinzu - für einen Look, der wie aus einer anderen Welt wirkt.

Tipp: Denk an „Science-Fiction mit Glamour" - Mode darf gleichzeitig futuristisch und feminin sein!

Modepraxis-Leitfaden & Notizen

Jede Skizze hilft dir, Proportionen und Bewegung besser zu verstehen. Diese Seite ist dein Trainingsfeld!

So nutzt du die Seite:
- Achte auf die Körperbalance - Verhältnis von Oberkörper und Beinen.
- Beobachte, wie Kleidung natürlich am Körper fällt.
- Notiere, ob das Outfit locker, eng oder oversized wirkt.

Reflexion & Notizen:
- Sind meine Proportionen besser geworden?
- Welcher Teil meiner Zeichnung wirkt am natürlichsten?
- Wie kann ich meine Posen realistischer gestalten?

Tipp: *Gute Proportionen lassen deine Skizzen professionell und lebendig aussehen.*

_____

_____

_____

_____

_____

_____

_____

_____

Outfit-Inspiration: Streetwear

Der Utility-Trend - Funktion trifft Stil

Utility-Mode ist praktisch und cool zugleich. Denke an Cargohosen, taktische Westen oder Gürtel mit Schnallen und großen Taschen - inspiriert von Arbeitskleidung, aber mit modischem Twist.

Farbideen: Olivgrün, Khaki, Schwarz und Tarnfarben.

Accessoires: Derbe Stiefel, Umhängetaschen oder Fischerhüte runden den Look ab.

Zeichen-Challenge: Entwirf ein kurzes Top mit weiten Cargohosen und einer Utility-Weste. Kombiniere dazu Sneakers oder Schnürstiefel - für einen starken, selbstbewussten Look.

Tipp: *Streetwear mit Funktion zeigt Stärke und Haltung.*

Vorlage

Inspiration

Stoffe

Notizen

Details

Stoffproben

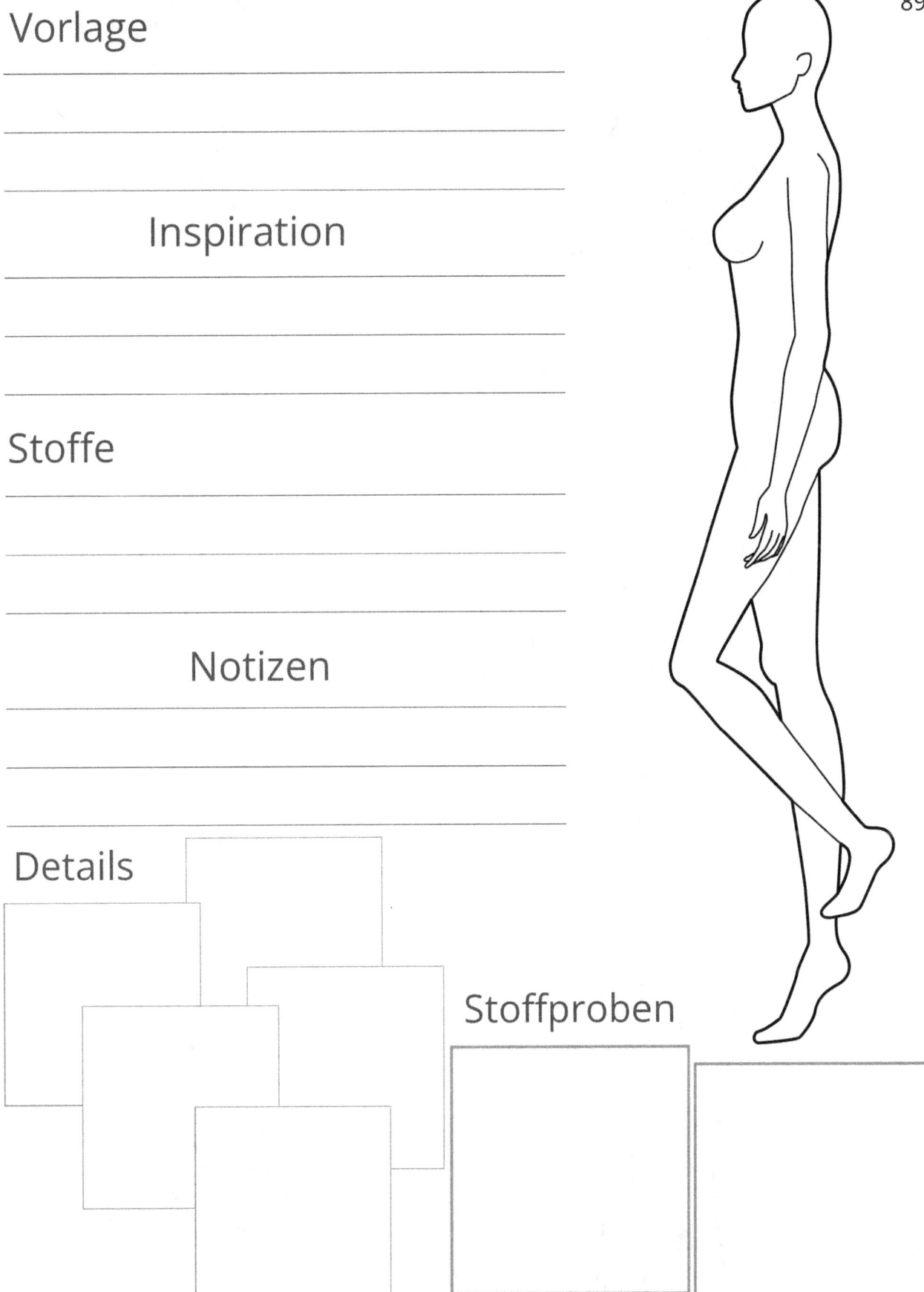

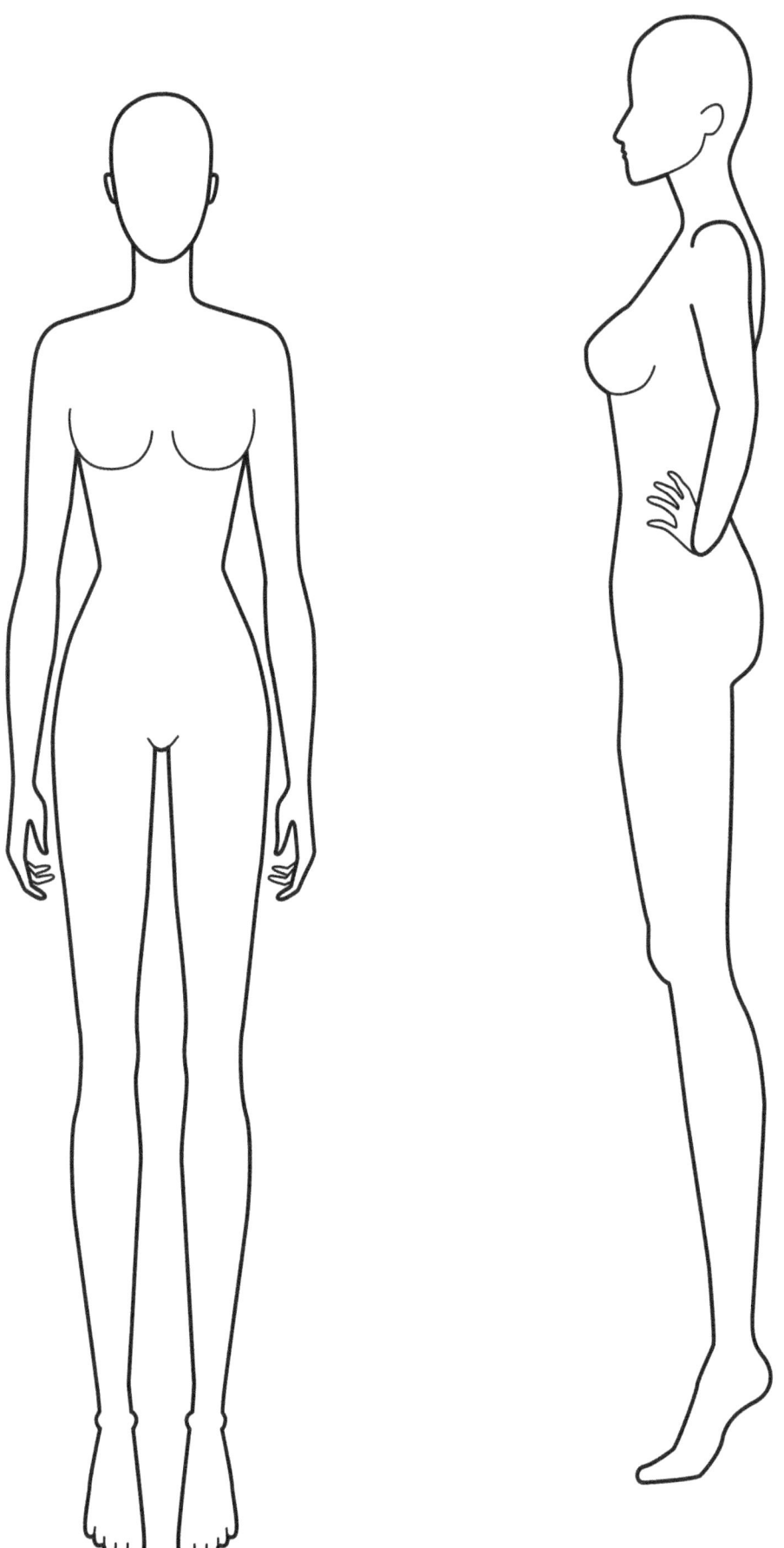

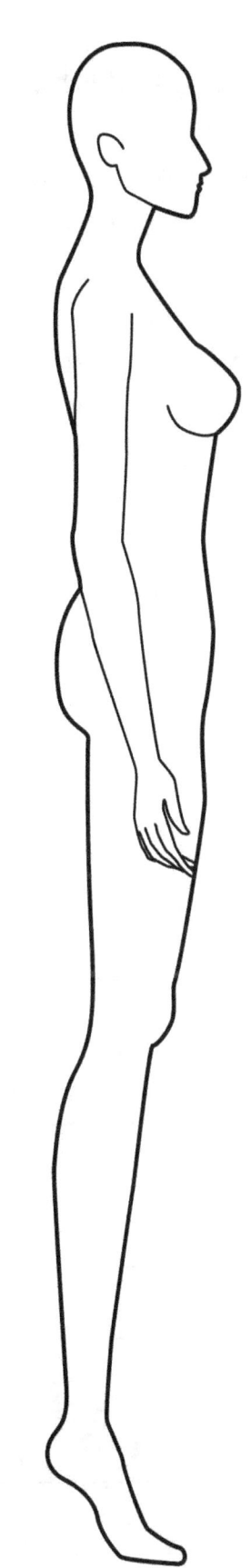

Deine Notizen & Inspirationsfotos

Diese Seite ist deine persönliche Galerie.

Nutze sie, um deinen Fortschritt festzuhalten, Lieblingsdesigns zu sammeln und über deinen Stil nachzudenken.

- Klebe Skizzen, Fotos oder Ausschnitte ein, die dich inspirieren.
- Notiere Farben, Stoffe oder Details, die dir gefallen.
- Lasse Platz, um später zu vergleichen, wie sich dein Stil verändert hat.

Tipp: Schon ein einziges Bild oder Stoffmuster kann eine ganze Kollektion inspirieren. Bewahre auch kleine Ideen - sie können Großes auslösen.

Outfit-Inspiration:
Smart-Casual & Festival Glanz

Smart-Casual - Lässig und elegant zugleich

Kombiniere Komfort und Stil! Trage gerade geschnittene Hosen mit einem eingesteckten T-Shirt oder Pullover. Ein kurzer Blazer oder eine leichte Jacke runden den Look ab. Sneakers oder Stiefeletten machen ihn perfekt - ideal für Präsentationen oder entspannte Schultage.

Festival Glanz - Frei und farbenfroh

Glitzer, Pailletten und schimmernde Stoffe bringen Energie und Spaß. Probiere fließende Röcke, Fransendetails oder verzierte Tops. Sonnenbrillen und Ketten in Lagen sorgen für das gewisse Extra.

Tipp: Entwirf ein Outfit, das im Sonnenlicht oder auf der Bühne funkelt - lass deine Kreativität strahlen!

Modepraxis-Leitfaden & Notizen

Farben erzählen Geschichten - jede verändert die Wirkung deines Outfits.

So nutzt du die Seite:
- Skizziere ein Outfit und teste 2-3 Farbpaletten.
- Beschrifte sie (warm, kühl oder einfarbig).
- Beobachte, wie sich die Stimmung verändert.

Reflexion & Notizen:
- Welche Farbpalette passt am besten zu mir?
- Beißen sich die Farben oder harmonieren sie?
- Wie könnte ich diese Töne wiederverwenden?

***Tipp:** Farbe ist Emotion - nutze sie, um Stimmung und Persönlichkeit auszudrücken.*

_____
_____
_____
_____
_____
_____
_____
_____
_____

Outfit-Inspiration: Streetwear

Vintage Streetwear Revival - Alte Trends neu gedacht

Altmodisch? Niemals! Streetwear bringt die 80er, 90er und frühen 2000er immer wieder zurück. Weite Jeansjacken, Karomuster, Batik und Fischerhüte feiern ihr Comeback.

Design-Idee:

Kombiniere einen Retro-Look mit modernen Elementen - etwa weite Jeans und ein kurzes Hoodie oder ein Batik-Sweatshirt mit modernen Sneakers.

Tipp: Mode wiederholt sich - gib ihr mit deiner Kreativität eine frische Note.

Vorlage

Inspiration

Stoffe

Notizen

Details

Stoffproben

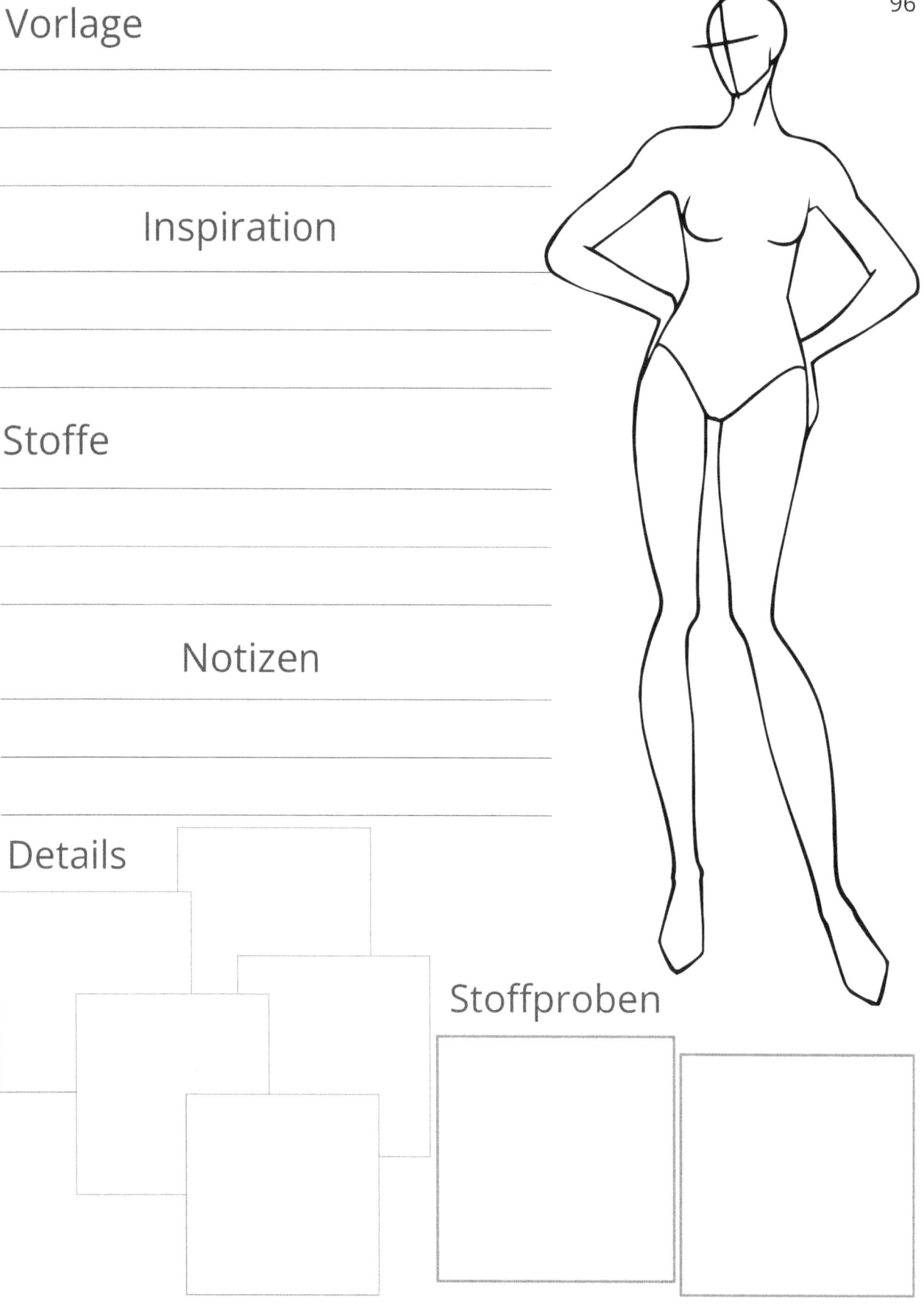

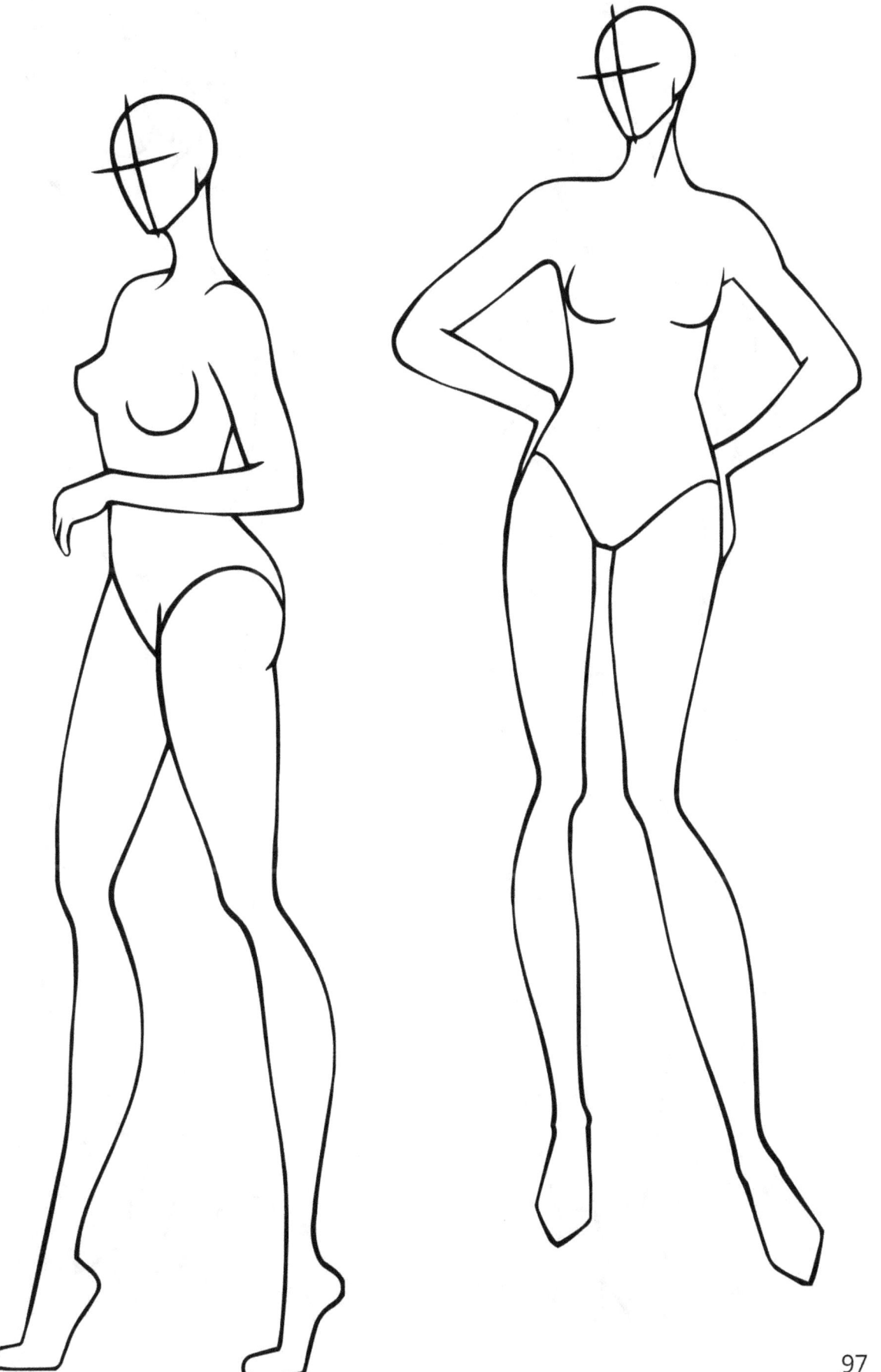

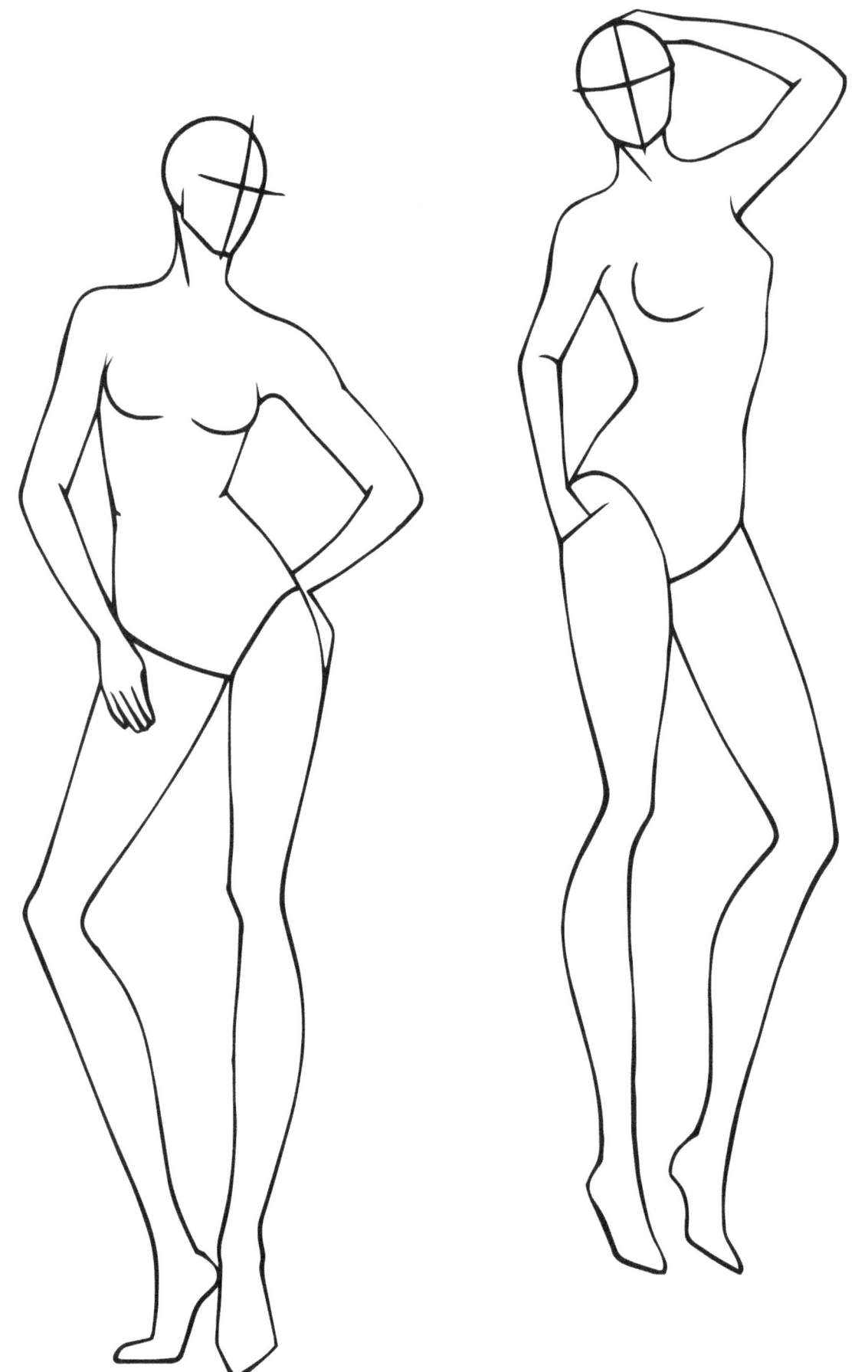

Deine Notizen & Inspirationsfotos

Diese Seite ist deine persönliche Galerie.

Nutze sie, um deinen Fortschritt festzuhalten, Lieblingsdesigns zu sammeln und über deinen Stil nachzudenken.

- Klebe Skizzen, Fotos oder Ausschnitte ein, die dich inspirieren.
- Notiere Farben, Stoffe oder Details, die dir gefallen.
- Lasse Platz, um später zu vergleichen, wie sich dein Stil verändert hat.

Tipp: *Schon ein einziges Bild oder Stoffmuster kann eine ganze Kollektion inspirieren. Bewahre auch kleine Ideen - sie können Großes auslösen.*

Outfit-Inspiration: Classroom Chic & Eco-Glam Couture

Classroom Chic - Einfach und stilvoll

Ein schlichtes Kleid kann dein Lieblingsstück werden! Wähle ein knielanges Modell in Pastellfarben und kombiniere es mit einer kurzen Jacke oder Strickweste. Leichte Stoffe wie Baumwolle oder Leinen sorgen für Komfort. Ein schmaler Gürtel und neutrale Schuhe machen den Look komplett.

Eco-Glam Couture - Nachhaltig und elegant

Nachhaltiger Glamour verbindet Stil mit Verantwortung. Kleider oder Zweiteiler aus biologischer Baumwolle, Bambusfasern oder recyceltem Denim sind modern und umweltfreundlich. Handbemalte Muster oder Patchwork-Details machen dein Design einzigartig.

Tipp:

Nachhaltigkeit ist immer im Trend.

Modepraxis-Leitfaden & Notizen

Große Designer denken in Kollektionen, nicht nur in Einzelteilen.

So nutzt du die Seite:
- Skizziere 2-3 Outfits, die zu einem gemeinsamen Thema gehören.
- Halte ein Detail konstant - Farbe, Form oder Stil.
- Notiere, wie jedes Teil in deine Mini-Kollektion passt.

Reflexion & Notizen:
- Wirken meine Designs wie eine zusammengehörige Linie?
- Welches Outfit sticht besonders hervor?
- Was verbindet die Kollektion miteinander?

Tipp: *Jede Kollektion erzählt eine Geschichte - gib deiner ein klares Thema.*

_____

_____

_____

_____

_____

_____

_____

_____

Outfit-Inspiration: Streetwear

Sneakers im Mittelpunkt - Von unten nach oben entwerfen

In der Streetwear spielen Schuhe die Hauptrolle. Manchmal entsteht das ganze Outfit um ein besonderes Paar!

Wähle auffällige Sneakers - mit dicker Sohle, Neonfarben oder als High-Tops - und stimme dein Design darauf ab.

Kombiniere sie mit Cargohosen, einem kurzen Hoodie und einer coolen Jacke.

Stoff-Tipp: Trage neutrale Kleidung zu bunten Schuhen oder wiederhole eine Farbe aus den Sneakers in deinen Accessoires.

Tipp:

Wenn deine Schuhe Persönlichkeit haben, darf der Rest schlicht - aber niemals langweilig - sein.

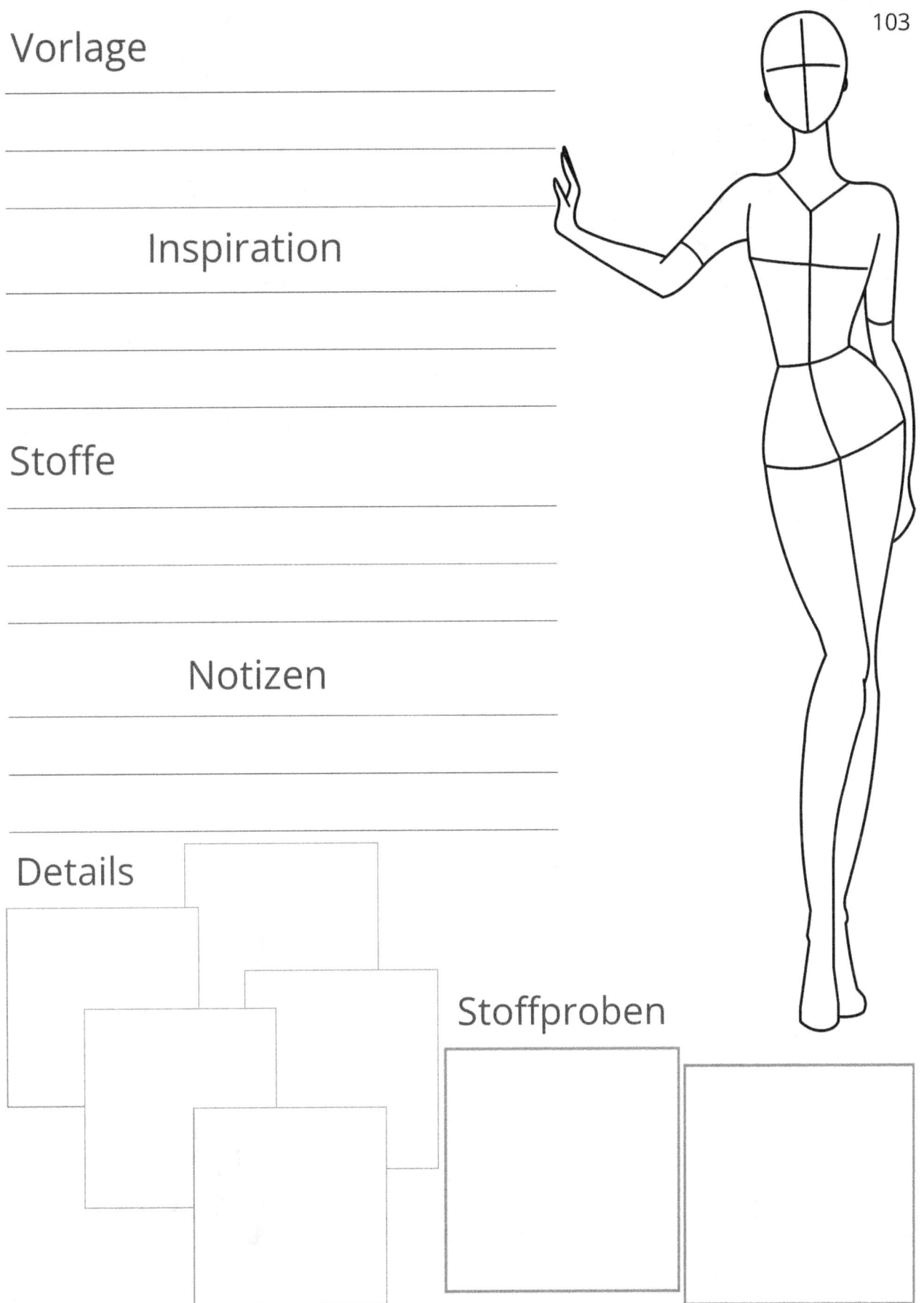

Vorlage

Inspiration

Stoffe

Notizen

Details

Stoffproben

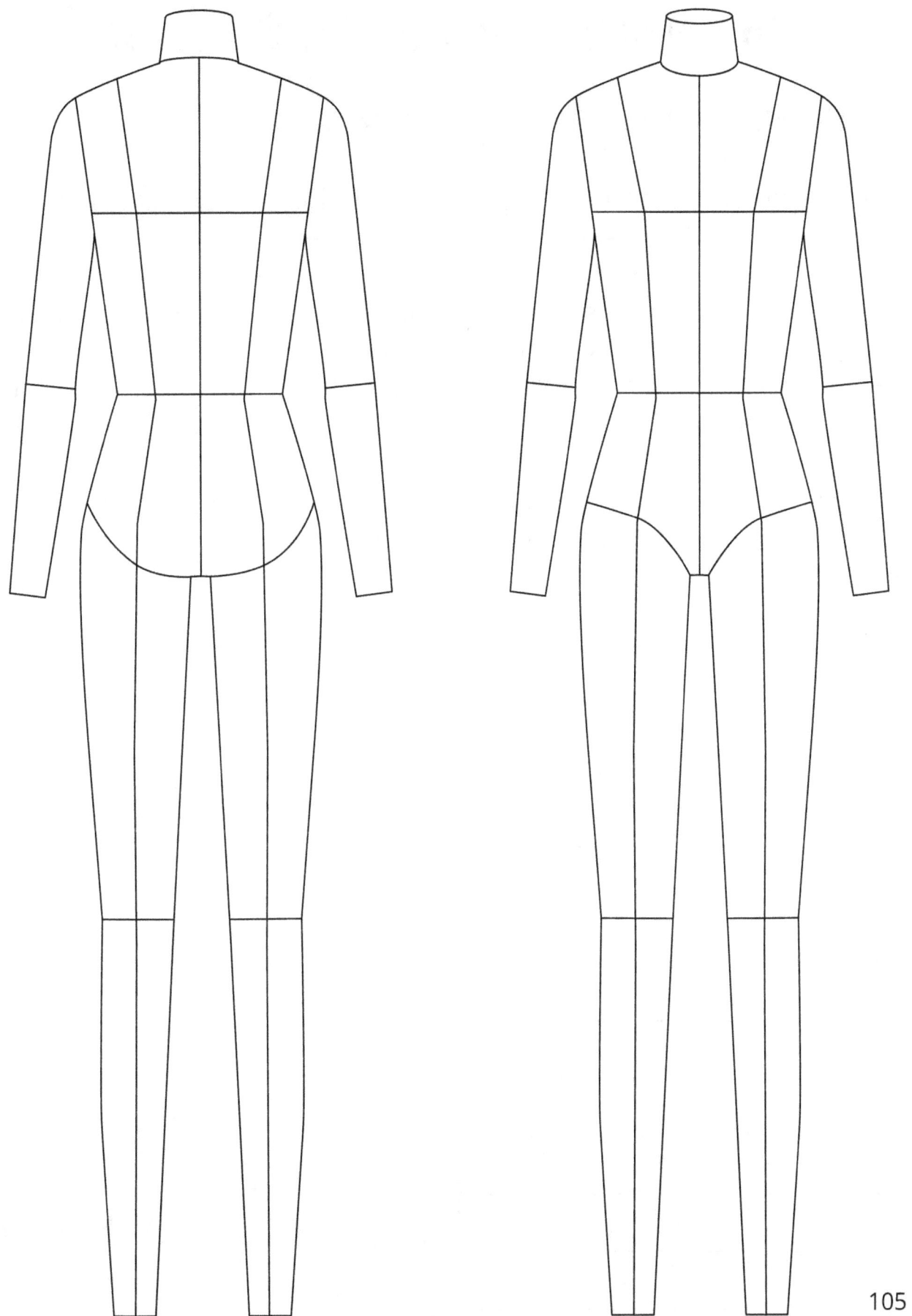

Deine Notizen & Inspirationsfotos

Diese Seite ist deine persönliche Galerie.

Nutze sie, um deinen Fortschritt festzuhalten, Lieblingsdesigns zu sammeln und über deinen Stil nachzudenken.

- Klebe Skizzen, Fotos oder Ausschnitte ein, die dich inspirieren.
- Notiere Farben, Stoffe oder Details, die dir gefallen.
- Lasse Platz, um später zu vergleichen, wie sich dein Stil verändert hat.

Tipp*: Schon ein einziges Bild oder Stoffmuster kann eine ganze Kollektion inspirieren. Bewahre auch kleine Ideen - sie können Großes auslösen.*

Outfit-Inspiration:
Trendy School Style & Futuristic Showstopper

Trendy School Style - Modern und tragbar

Bleib am Puls der Zeit mit Trends, die auch alltagstauglich sind. Übergroße Blazer, Pastelltöne oder weite Hosen wirken gleichzeitig lässig und elegant. Eine strukturierte Tasche oder Plateauschuhe geben dem Look das gewisse Etwas.

Futuristic Showstopper - Mut zur Kreativität

Stell dir ein Laufsteg-Outfit vor, das leuchtet! Reflektierende Stoffe, LED-Details oder skulpturale Ärmel zeigen grenzenlose Fantasie. Ein Look, der Aufmerksamkeit garantiert und Mut zum Experiment beweist.

Tipp:

Sei mutig - die Mode der Zukunft beginnt in deinem Skizzenbuch.

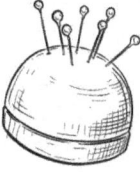

Modepraxis-Leitfaden & Notizen

Minimalismus hat Kraft - gib deinem Design Raum zum Atmen.

So nutzt du die Seite:
- Erstelle ein Design mit nur drei Hauptelementen.
- Konzentriere dich auf Form und Balance.
- Notiere, wie das Design ohne zusätzliche Dekoration wirkt.

Reflexion & Notizen:
- Macht die Schlichtheit das Design stärker?
- Was ist das zentrale Element?
- Was könnte ich weglassen oder verfeinern?

Tipp: *Weniger ist mehr - klare Linien zeigen deine wahre Gestaltungsstärke.*

_____

_____

_____

_____

_____

_____

_____

_____

Outfit-Inspiration: Streetwear

Accessoires mit Wow-Effekt!

Accessoires sind in der Streetwear entscheidend - sie verleihen Haltung und Charakter. Probiere Mützen, Ketten, große Sonnenbrillen oder kleine Umhängetaschen.

Zeichen-Challenge: Zeichne ein schlichtes Outfit und peppe es mit zwei bis drei auffälligen Accessoires auf. Beobachte, wie sich der ganze Look verändert!

Tipp: Accessoires sind die einfachste Möglichkeit, Trends auszuprobieren - ohne das ganze Outfit neu zu gestalten.

Vorlage

Inspiration

Stoffe

Notizen

Details

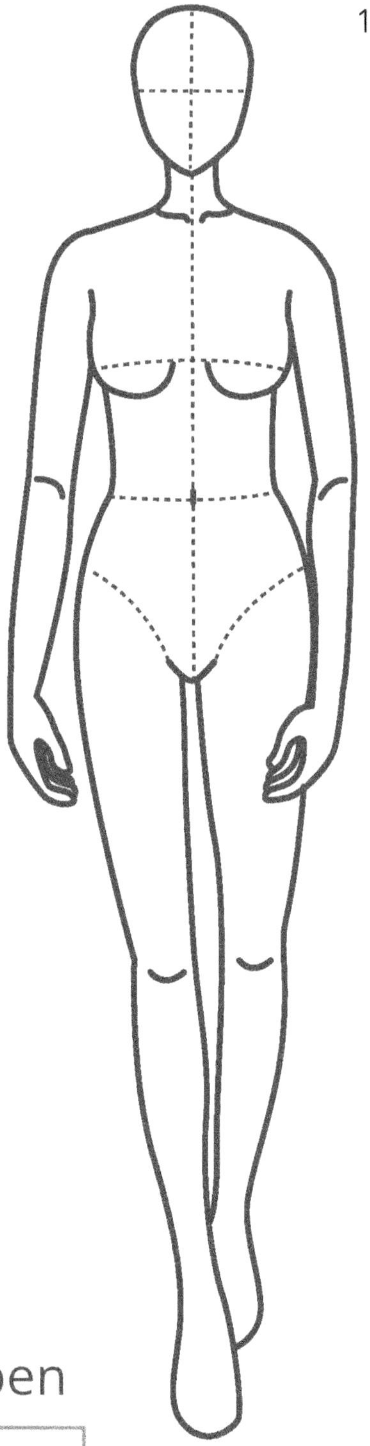

Stoffproben

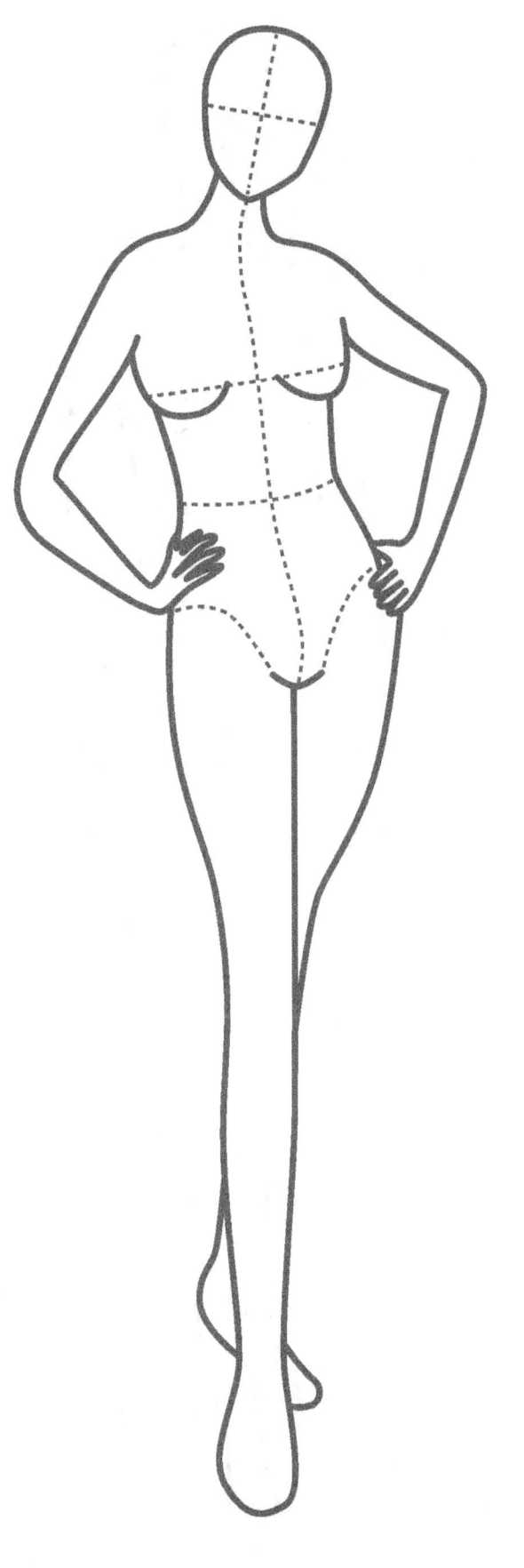
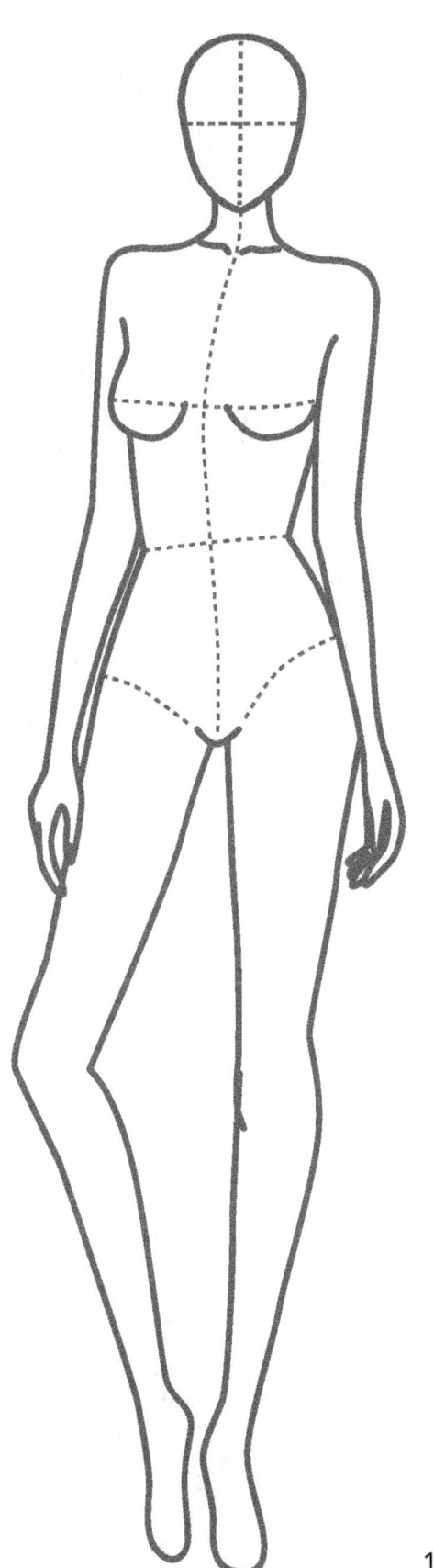

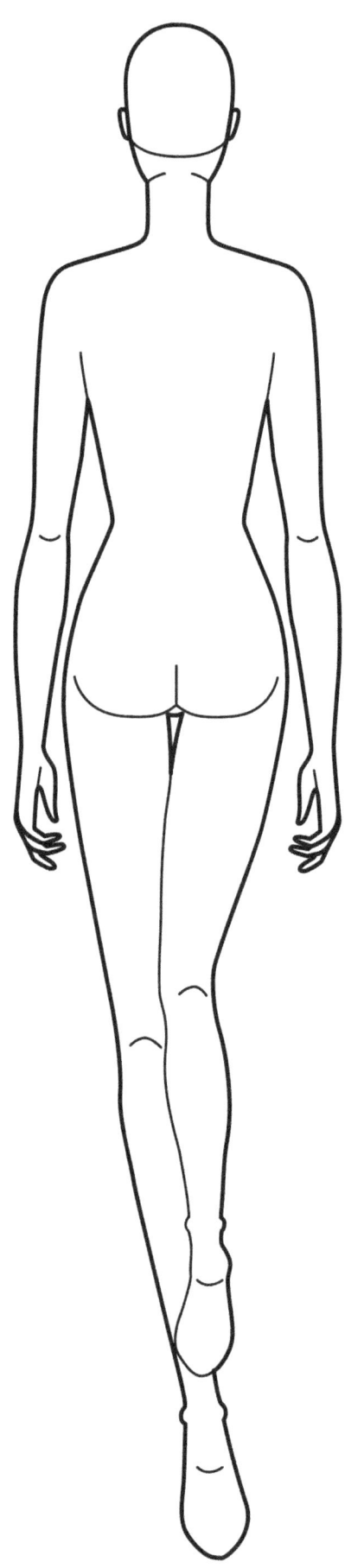
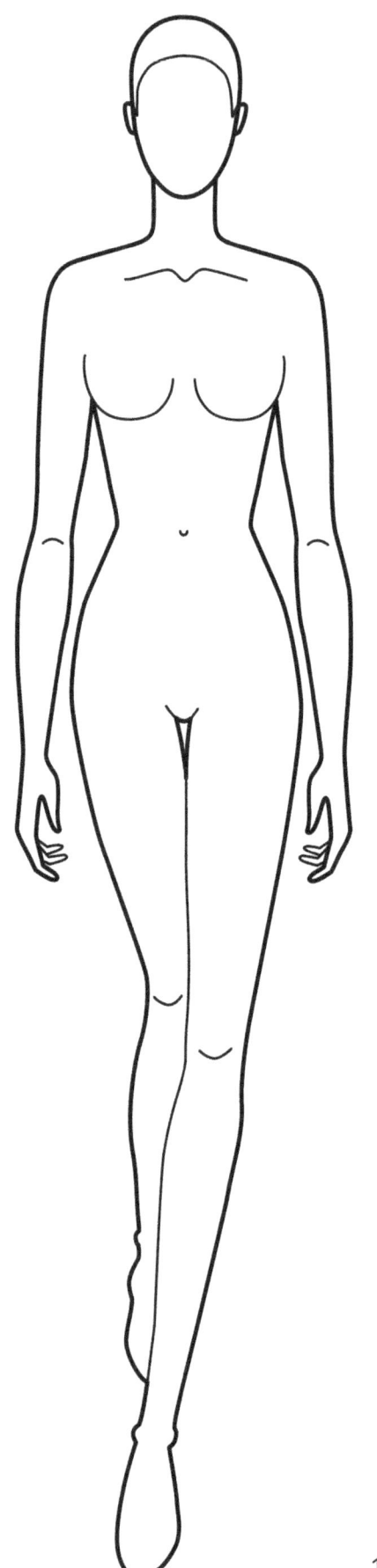

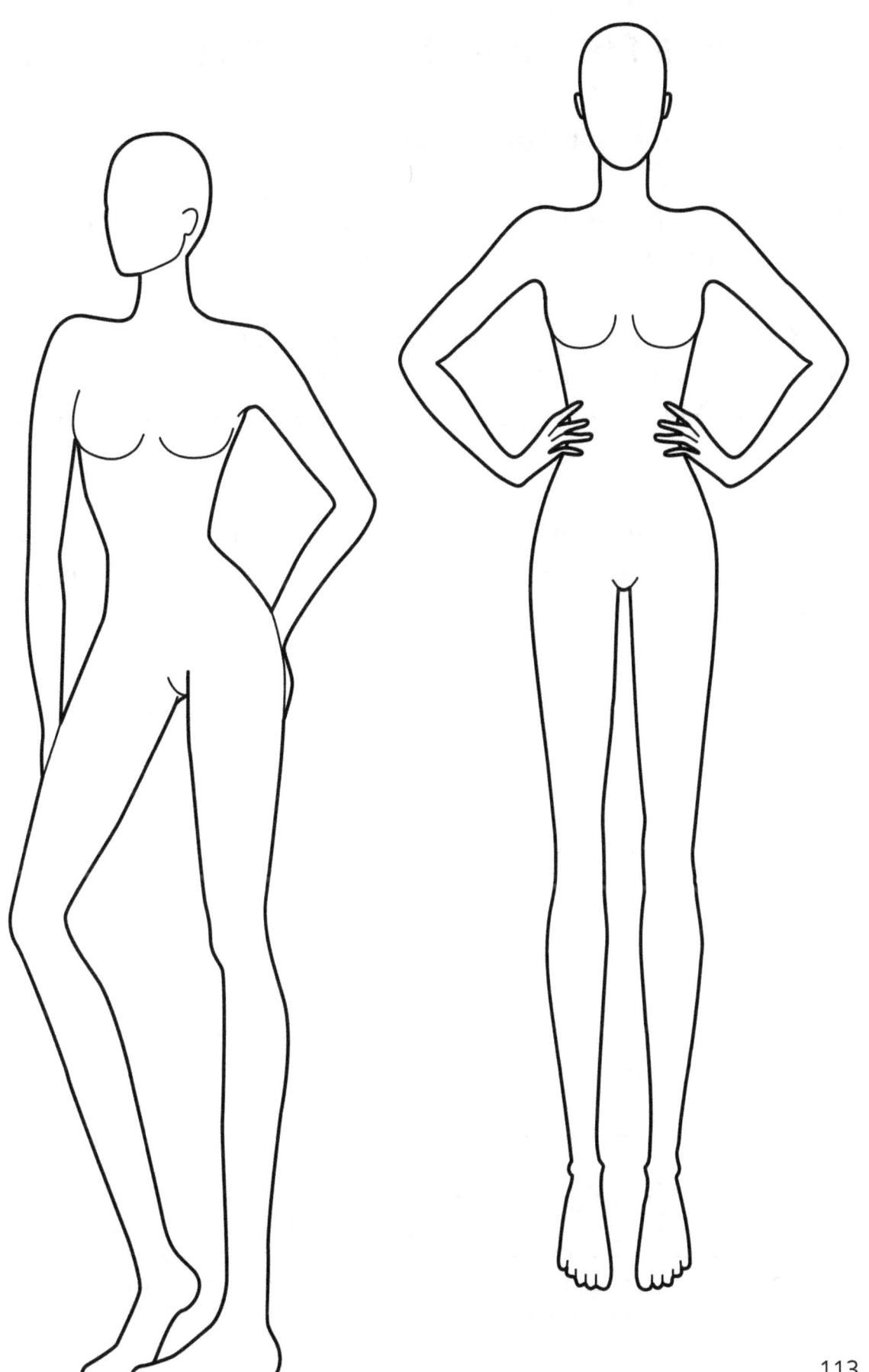

Deine Notizen & Inspirationsfotos

Diese Seite ist deine persönliche Galerie.

Nutze sie, um deinen Fortschritt festzuhalten, Lieblingsdesigns zu sammeln und über deinen Stil nachzudenken.

- Klebe Skizzen, Fotos oder Ausschnitte ein, die dich inspirieren.
- Notiere Farben, Stoffe oder Details, die dir gefallen.
- Lasse Platz, um später zu vergleichen, wie sich dein Stil verändert hat.

Tipp: *Schon ein einziges Bild oder Stoffmuster kann eine ganze Kollektion inspirieren. Bewahre auch kleine Ideen - sie können Großes auslösen.*

Outfit-Inspiration:
Layered School Looks & Classic Glam

Layered School Look - Stylisch durch Schichten

Schichten sind nicht nur etwas für den Winter - sie verleihen Tiefe und Stil. Probiere einen Rollkragenpullover unter einem Slipdress oder ein Hemd unter einem Jumpsuit. Schals, Gürtel oder leichte Jacken sorgen für Abwechslung. Praktisch, kreativ und modisch zugleich.

Classic Glam - Zeitlose Eleganz

Roter-Teppich-Glamour wird nie alt! Denke an elegante Kleider, Satinstoffe oder fließende Drapierungen. Setze Akzente mit auffälligem Schmuck - und einer selbstbewussten Haltung. Dieser Stil sagt: Ich bin angekommen.

Tipp: *Gutes Layering lässt jedes Outfit aussehen, als käme es direkt vom Laufsteg.*

Modepraxis-Leitfaden & Notizen

Zeit, deine Entwicklung zu feiern! Schau zurück, was du alles geschaffen hast - und wie weit du schon gekommen bist.

So nutzt du die Seite:
- Skizziere ein Outfit, das deinen Fortschritt zeigt.
- Schreibe auf, was du bisher gelernt hast.
- Setze dir ein neues Fashion-Ziel.

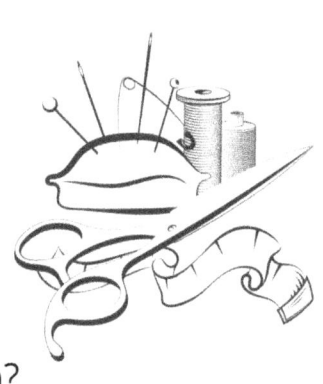

Reflexion & Notizen:
- Worauf bin ich am meisten stolz?
- Welche Fähigkeit möchte ich als Nächstes meistern?
- Was ist mein nächster kreativer Schritt?

Tipp: Wachstum ist stylisch - jede Seite zeigt, dass du eine immer stärkere Designerin wirst.

___

___

___

___

___

___

___

___

Outfit-Inspiration: Streetwear

Streetwear = Selbstausdruck

Das Beste an Streetwear? Sie dreht sich ganz um dich. Mische übergroße, sportliche, feminine oder auffällige Elemente - und erzähle deine eigene Geschichte. Folge keinen Trends - starte sie!

Zeichen-Übung:

Entwirf ein Outfit, das sich zu 100 % nach dir anfühlt. Nutze deine Lieblingsfarben, -formen oder kulturellen Einflüsse. Füge dein eigenes Logo oder Muster hinzu.

Abschließender Gedanke: *Streetwear ist mehr als Mode - sie ist Selbstbewusstsein in Stoffform.*

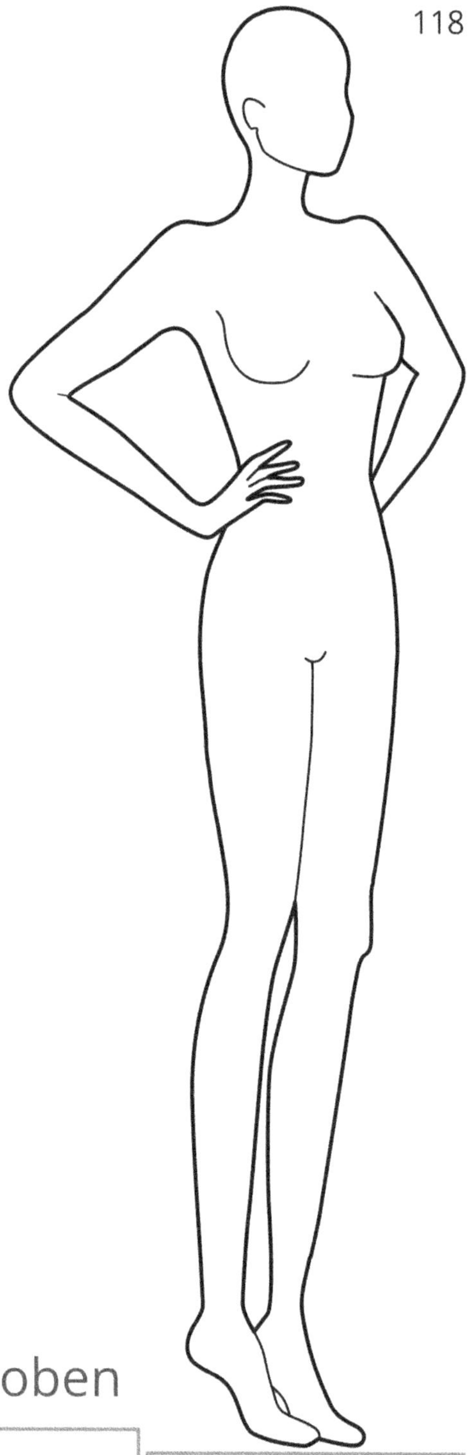

Vorlage

Inspiration

Stoffe

Notizen

Details

Stoffproben

118

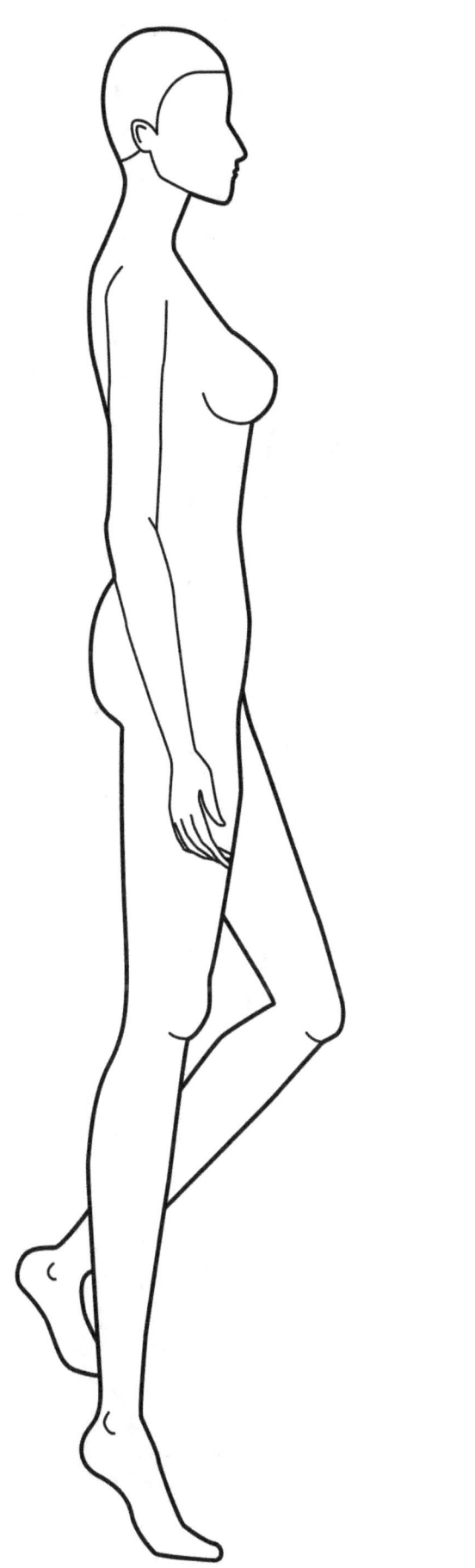

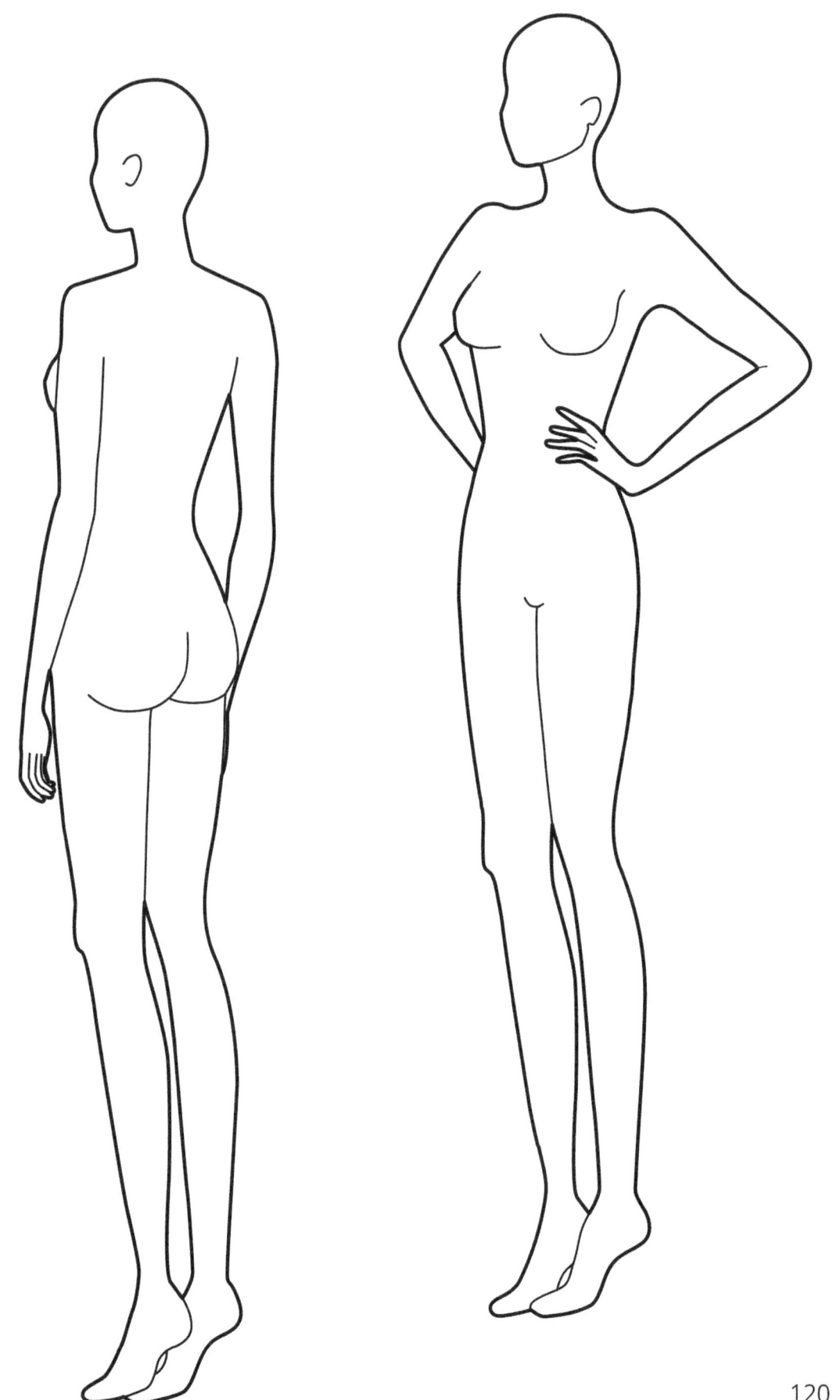

Deine Notizen & Inspirationsfotos

Diese Seite ist deine persönliche Galerie.

Nutze sie, um deinen Fortschritt festzuhalten, Lieblingsdesigns zu sammeln und über deinen Stil nachzudenken.

- Klebe Skizzen, Fotos oder Ausschnitte ein, die dich inspirieren.
- Notiere Farben, Stoffe oder Details, die dir gefallen.
- Lasse Platz, um später zu vergleichen, wie sich dein Stil verändert hat.

Tipp: *Schon ein einziges Bild oder Stoffmuster kann eine ganze Kollektion inspirieren. Bewahre auch kleine Ideen - sie können Großes auslösen.*

Outfit-Inspiration:
Bold School Statement & Avant-Garde Dream

Bold School Statement - Mut zur Farbe!

Setze ein starkes Zeichen mit kräftigen Farben! Ein leuchtender Anzug in Rot, Blau oder Smaragdgrün kombiniert mit einem schlichten Oberteil und Sneakers oder Stiefeln zeigt Kreativität und Selbstvertrauen.

Avant-Garde Dream - Mode als Kunst

Avantgarde ist tragbare Kunst. Denk an dramatische Formen, Lagen-Looks und unerwartete Texturen. Weite Ärmel, asymmetrische Schnitte oder außergewöhnliche Materialien machen dein Design zu einem Kunstwerk.

***Tipp**: Trau dich, Grenzen zu überschreiten - Mode lebt von mutigen Ideen.*

Vorlage

Inspiration

Stoffe

Notizen

Details

Stoffproben

123

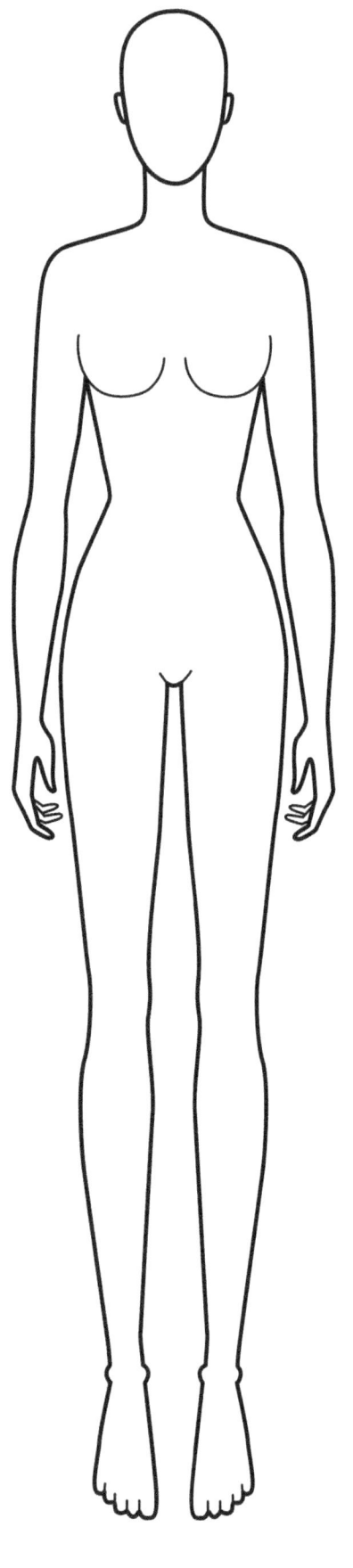

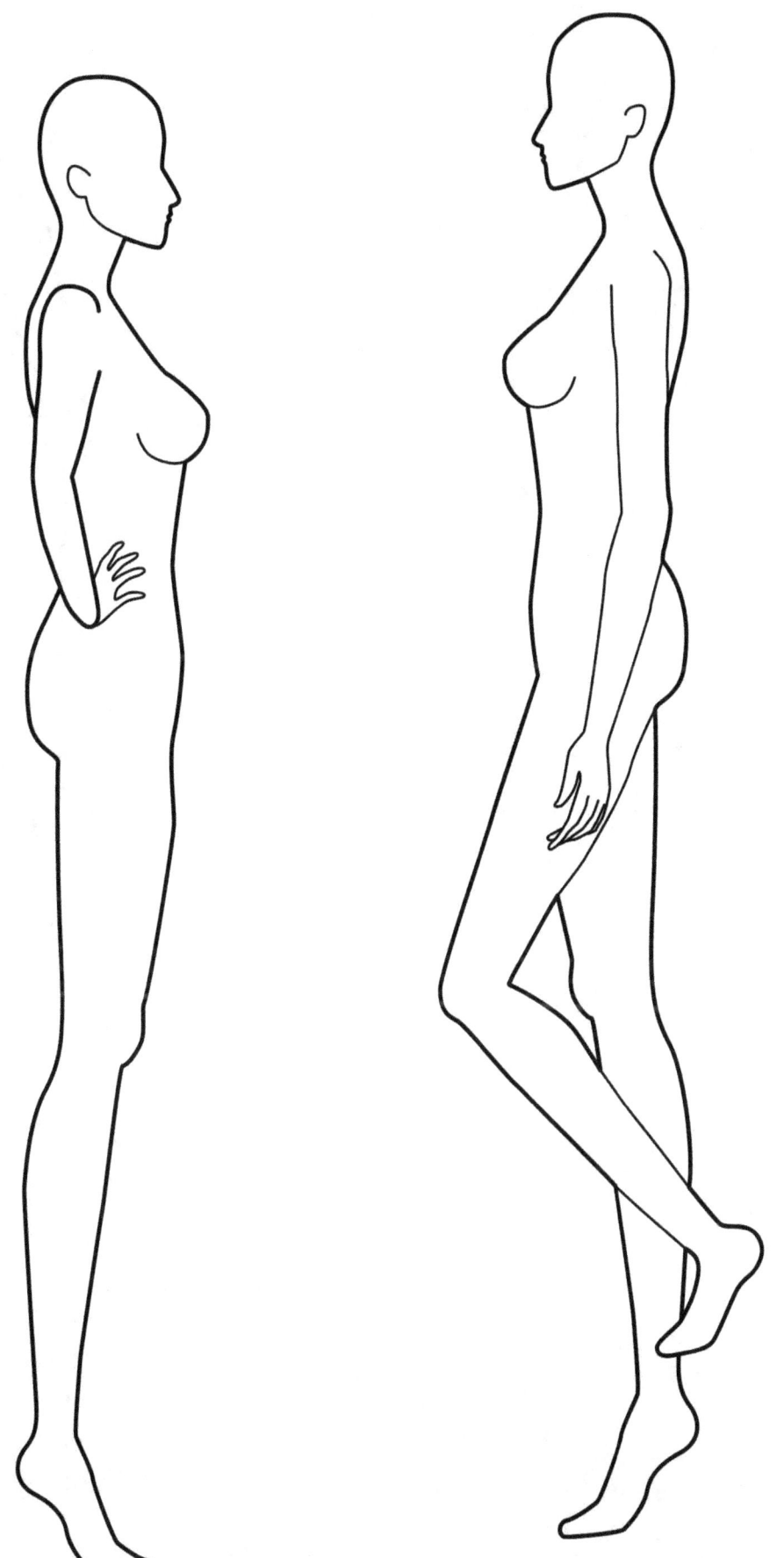

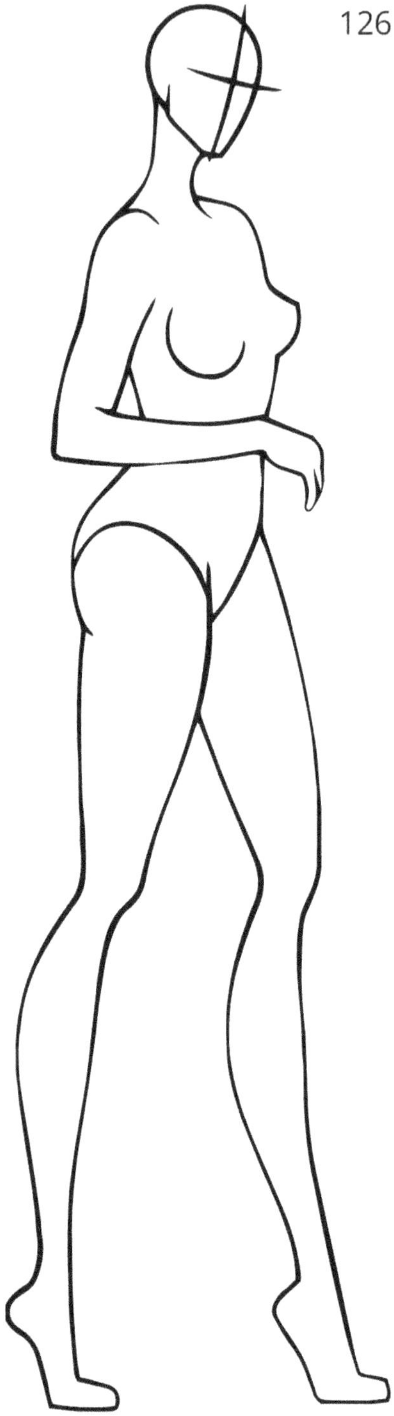

Vorlage

Inspiration

Stoffe

Notizen

Details

Stoffproben

126

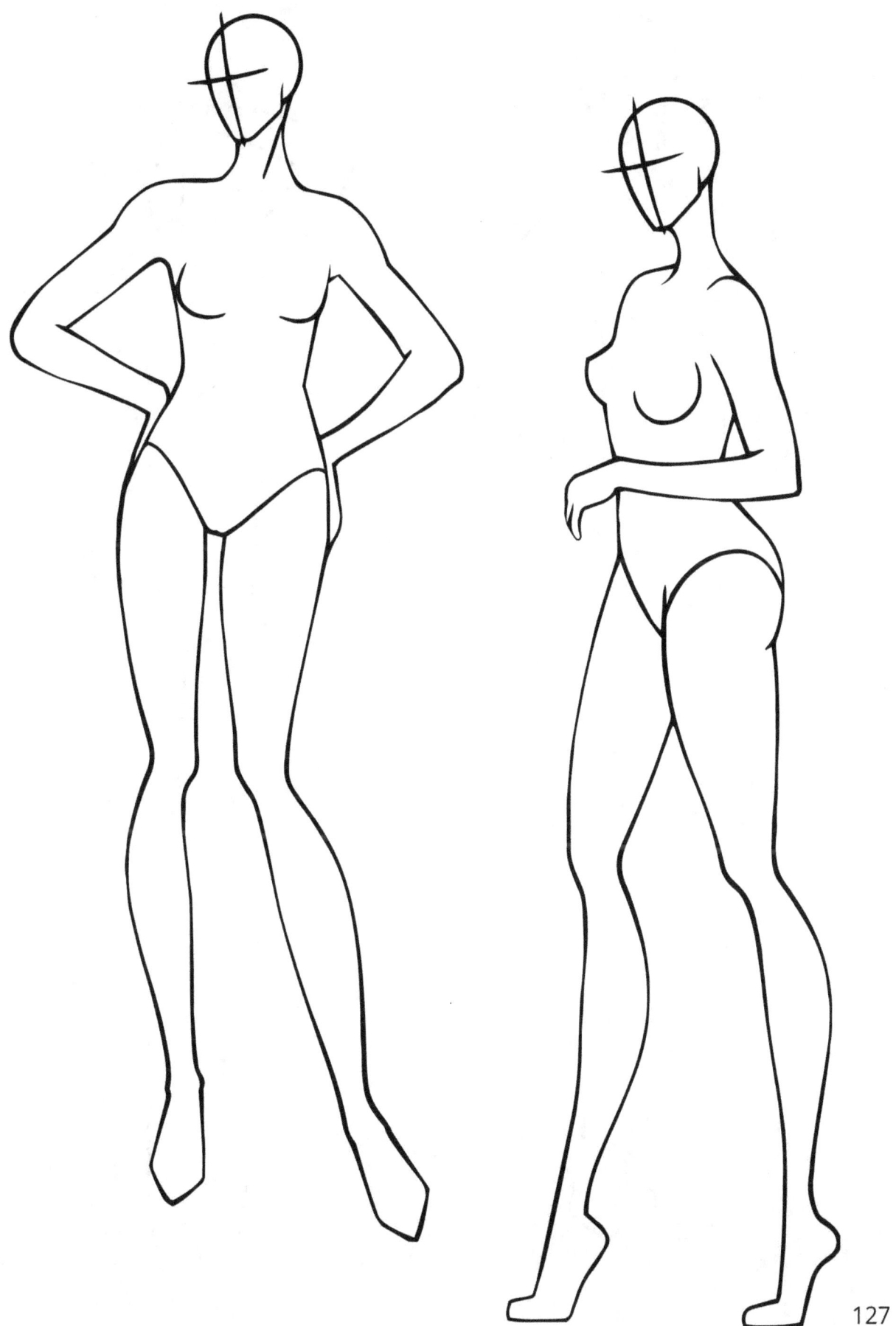

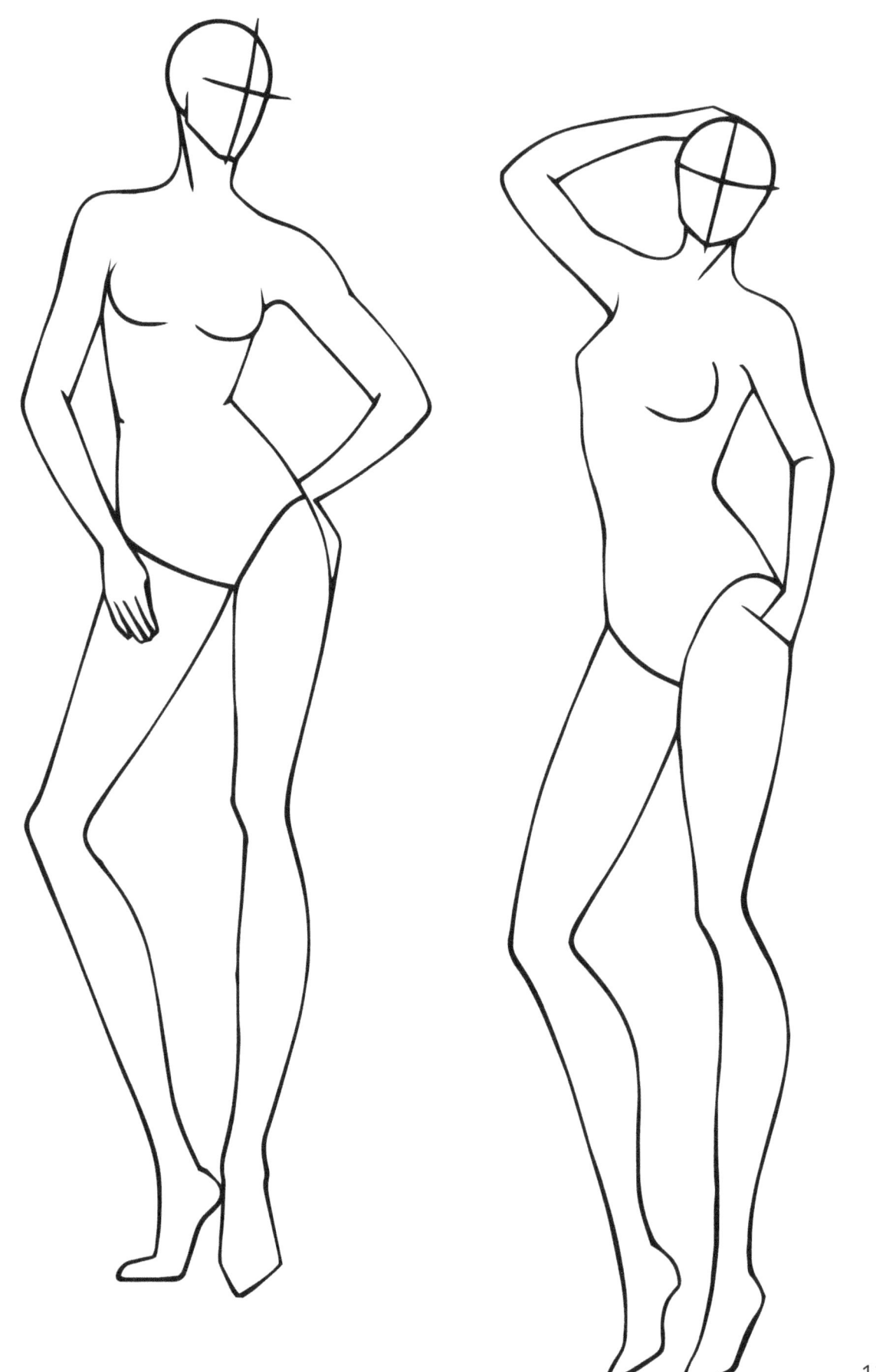

Vorlage

Inspiration

Stoffe

Notizen

Details

Stoffproben

129

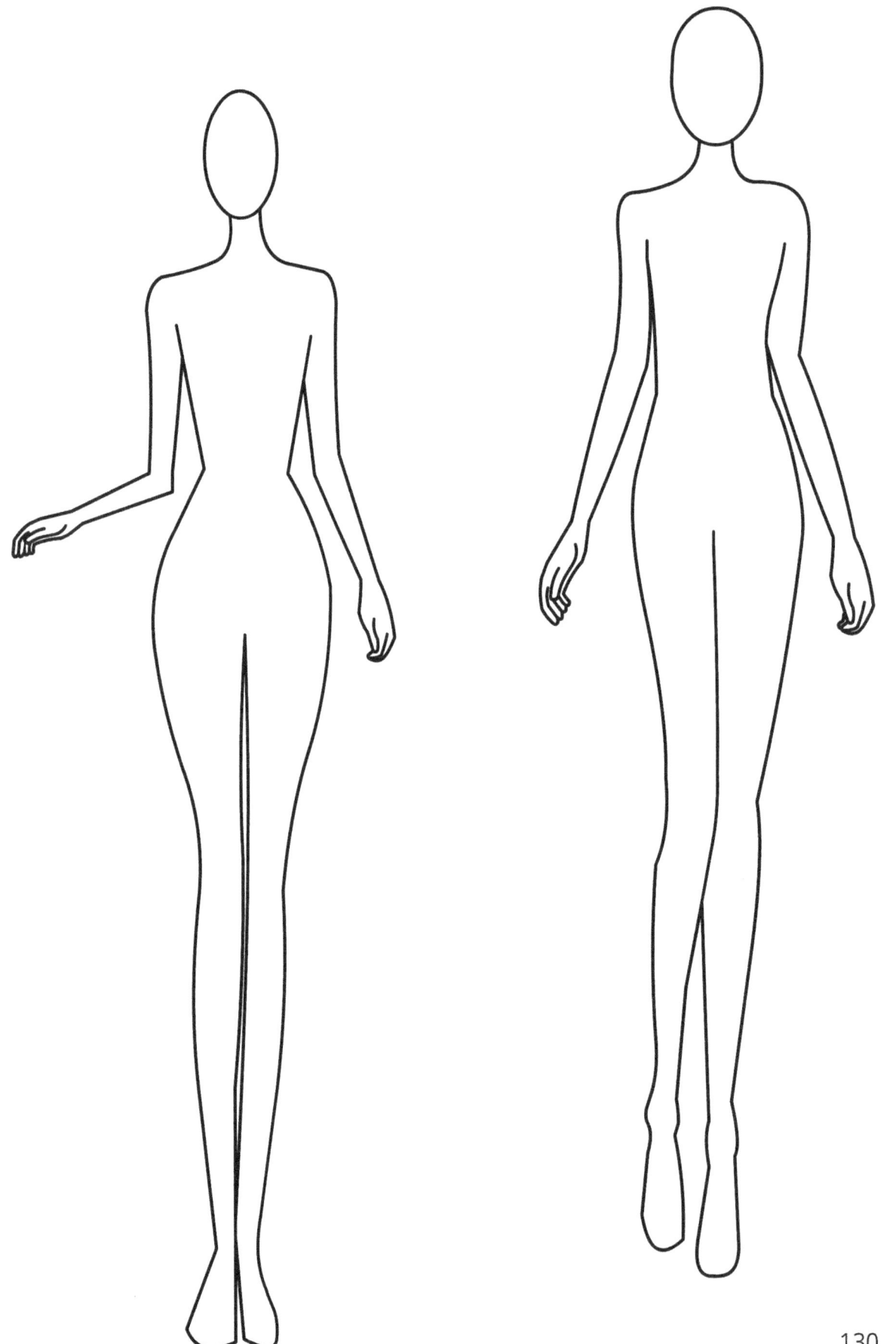

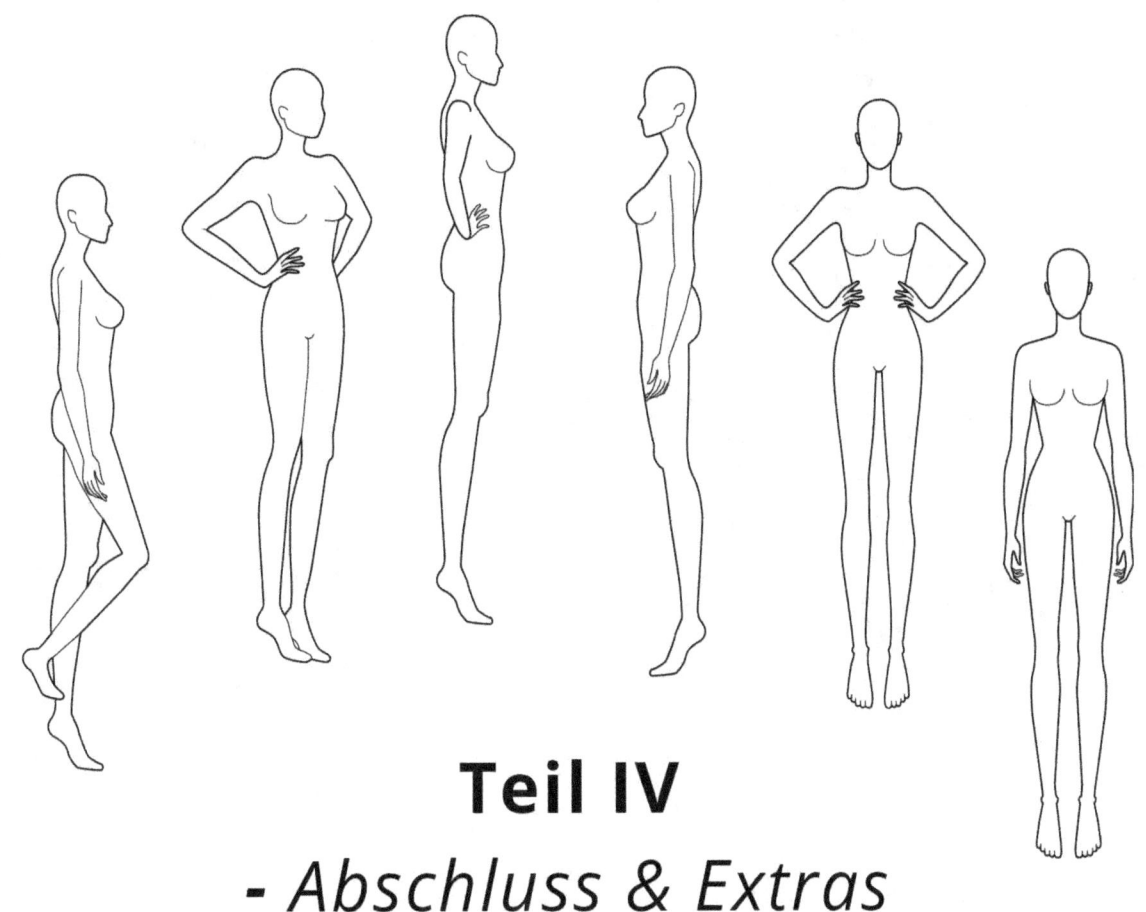

Teil IV
- Abschluss & Extras

Der kreative Abschluss

Willkommen im letzten Kapitel deiner Mode-Reise!

Hier geht es um Reflexion, Experimente und darum, deine Fortschritte zu feiern.

Du findest kreative Herausforderungen, Design-Ideen und Platz, um weiter an deinem Stil zu arbeiten.

Denk daran: Kreativität hat kein Ende.

Jede Seite, die du hier gestaltest, beweist, dass deine Fantasie grenzenlos ist.

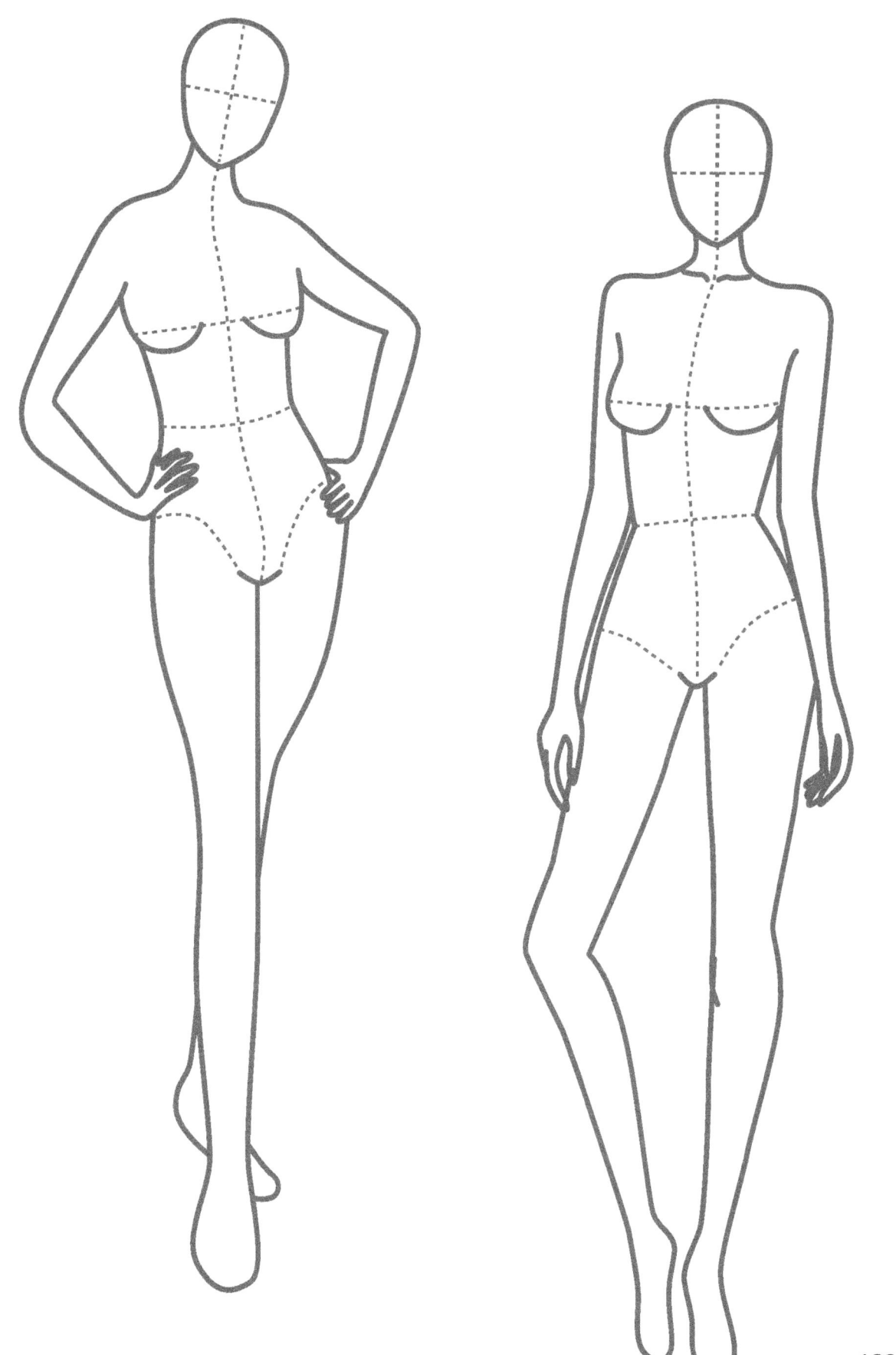

Klassische Silhouette neu interpretieren

Nimm eine zeitlose Form - zum Beispiel eine Jeansjacke, einen Trenchcoat oder ein A-Linien-Kleid - und erfinde sie auf deine Weise neu! Überlege, wie Farbe, Stoff und Details ein klassisches Stück frisch und aufregend machen können.

Probiere Cut-outs, Asymmetrie oder auffällige Nähte. Diese Übung hilft dir, Klassiker neu zu denken und trotzdem ihren Charakter zu bewahren.

Leitfragen:
- Welches klassische Teil hast du gewählt?
- Welche moderne Note hast du hinzugefügt?
- Beschreibe dein Redesign mit einem Wort.

Tipp: *Auch Klassiker können ein „Glow-up" bekommen - Tradition + Kreativität = Zeitlos cool.*

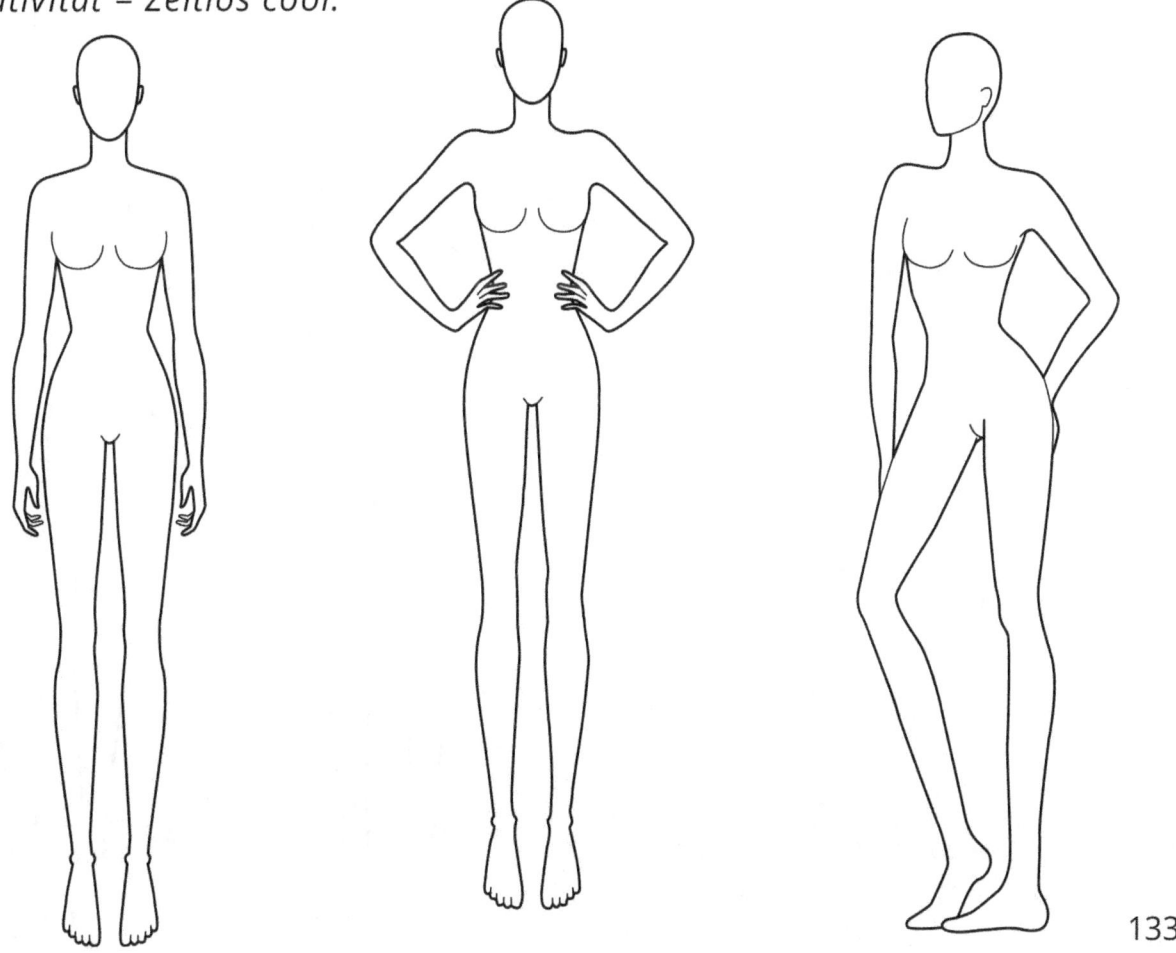

Mini-Capsule-Challenge

Gestalte eine Mini-Kollektion mit fünf Teilen, die in deinen Spind passen - aber trotzdem deinen Stil zeigen! Wähle Oberteile, Hosen und Jacken, die sich vielseitig kombinieren lassen.

So lernst du, Balance, Harmonie und Stilbewusstsein zu entwickeln.

Leitfragen:
- Was ist das Thema deiner Capsule-Kollektion (z. B. Street-Chic, Pastell-Soft, Künstler-Vibe)?
- Welche Farben oder Stoffe dominieren?
- Wie ergänzen sich die Teile?

Tipp: Wenn jedes Teil mit den anderen funktioniert, hast du Mode-Magie geschaffen.

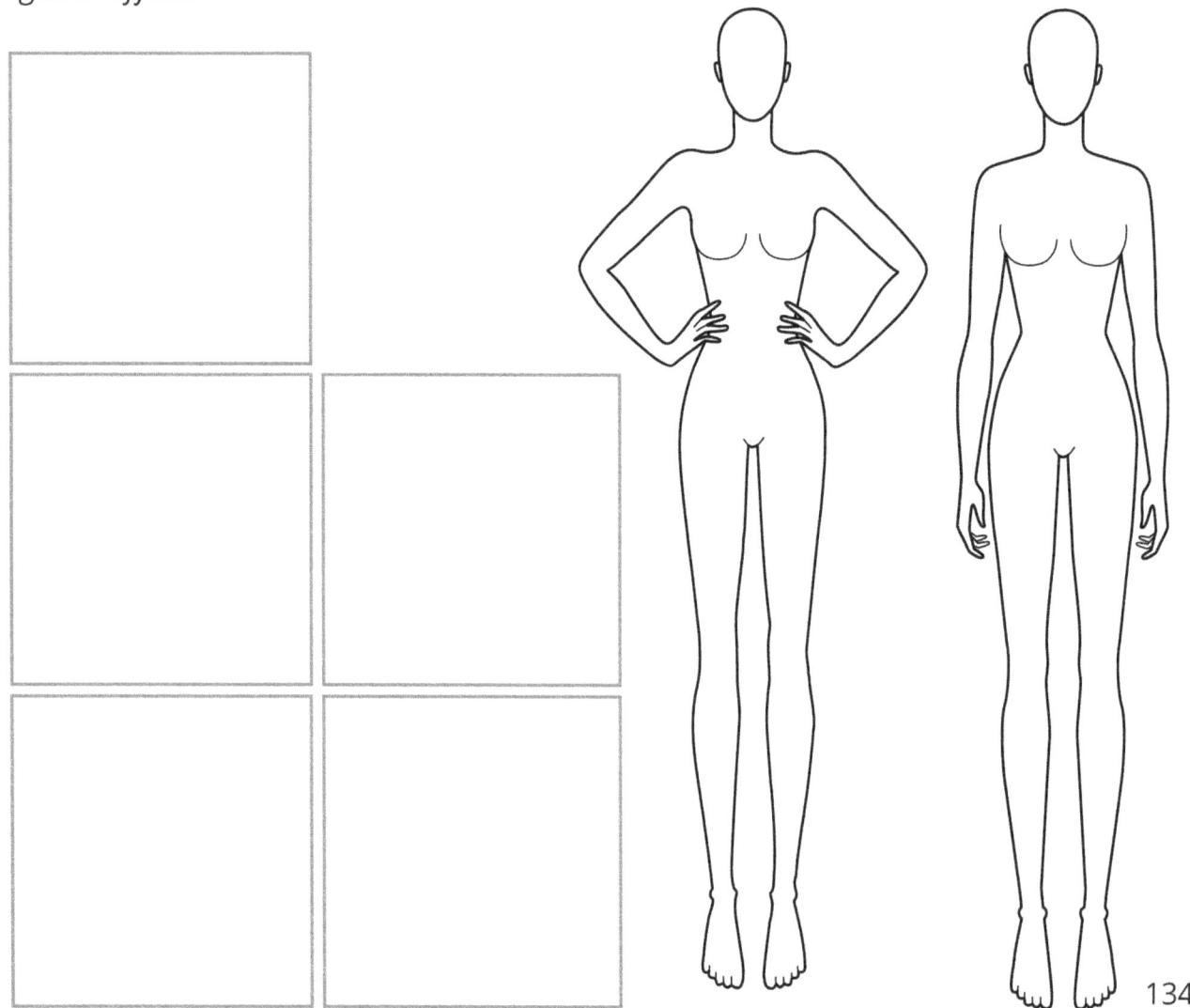

Saison-Inspiration

Wähle eine Jahreszeit - Frühling, Sommer, Herbst oder Winter - und lass dich von ihrer Energie inspirieren.

Geh über das Offensichtliche hinaus: Winter kann rosa und glitzernd sein, Sommer zart und erdig.

Leitfragen:
- Welche Jahreszeit hat dich inspiriert?
- Welche Farben oder Texturen fangen ihre Stimmung ein?
- Was unterscheidet dein Design von typischen Saison-Looks?

Tipp: *Überrasche andere - Mode-Jahreszeiten sind das, was du daraus machst.*

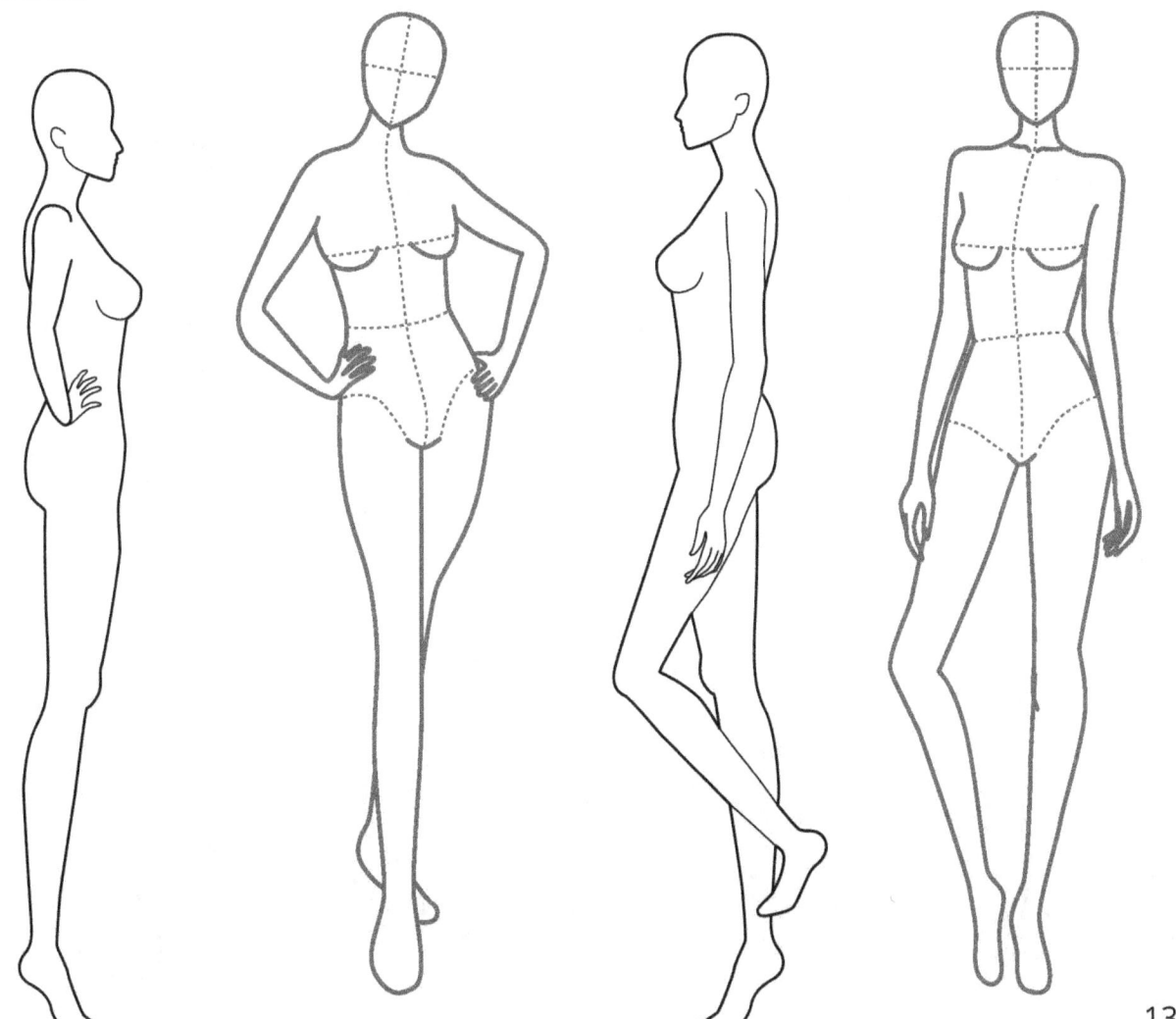

T-Shirt-Glow-up-Challenge

Nimm ein ganz einfaches Teil - ein schlichtes T-Shirt - und mach daraus etwas Besonderes! Verändere Ärmel, schneide es kürzer, füge Grafiken oder Stoffmixe hinzu, oder verwandle es in ein Kleid oder einen Hoodie. Bewahre die Grundform, aber gib ihr deine persönliche Note.

Leitfragen:
- Welchen Stil hat dein neues T-Shirt?
- Welches Detail hast du am meisten verändert?
- Wo würde man es tragen?

Tipp: *Selbst einfache Teile bieten unendlich viele Möglichkeiten.*

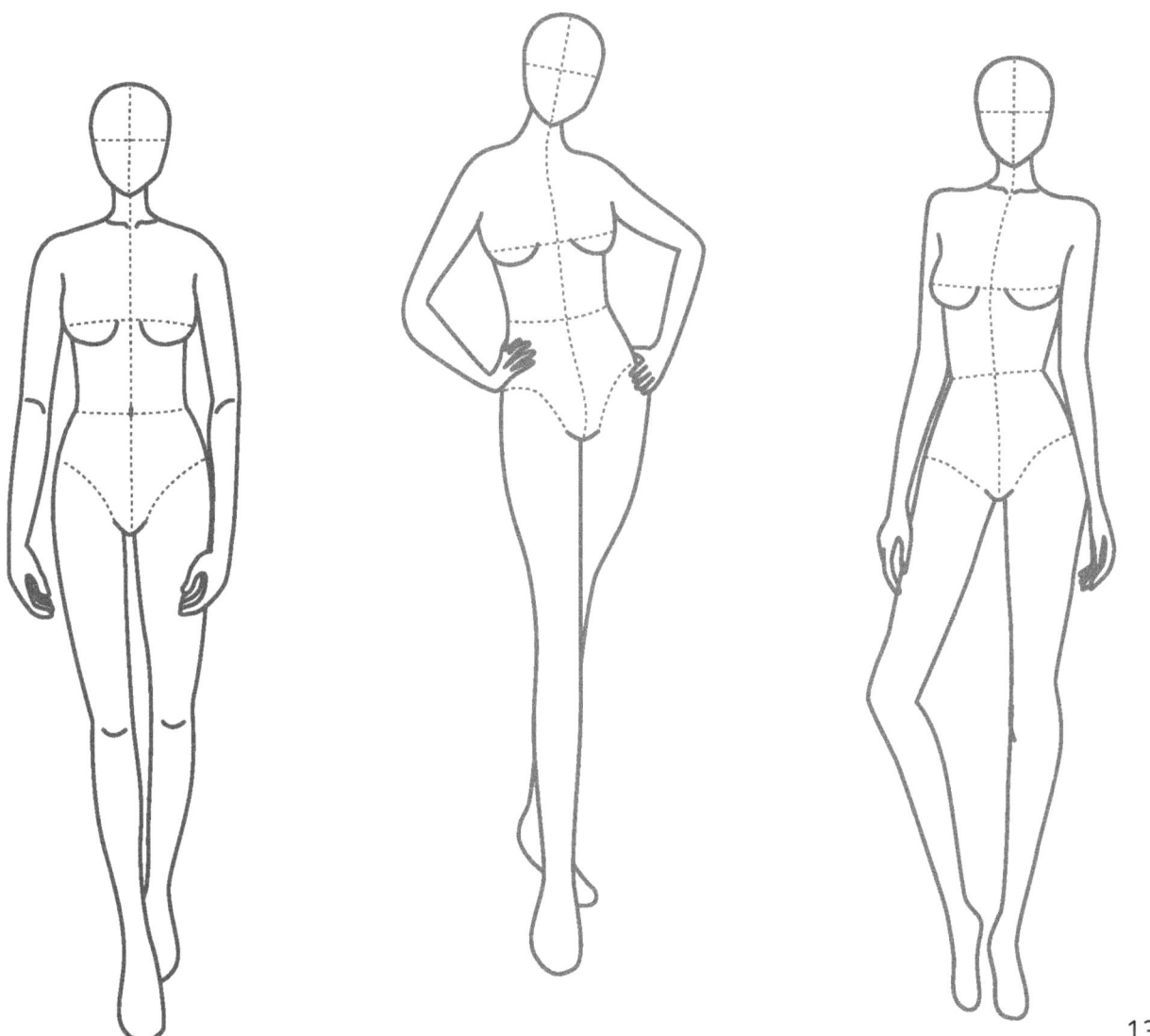

Mix & Match Gegensätze

Kombiniere zwei völlig verschiedene Stile - z. B. sportlich + romantisch, vintage + futuristisch oder Street + Glam - und bring sie in Einklang.

So lernst du, Gegensätze kreativ zu verbinden.

Leitfragen:
- Welche zwei Stile hast du gemischt?
- Welches Detail verbindet sie?
- Wirkt dein Look ausgeglichen oder eher einseitig?

***Tipp**: Gegensätze sind der Ort, an dem Kreativität entsteht.*

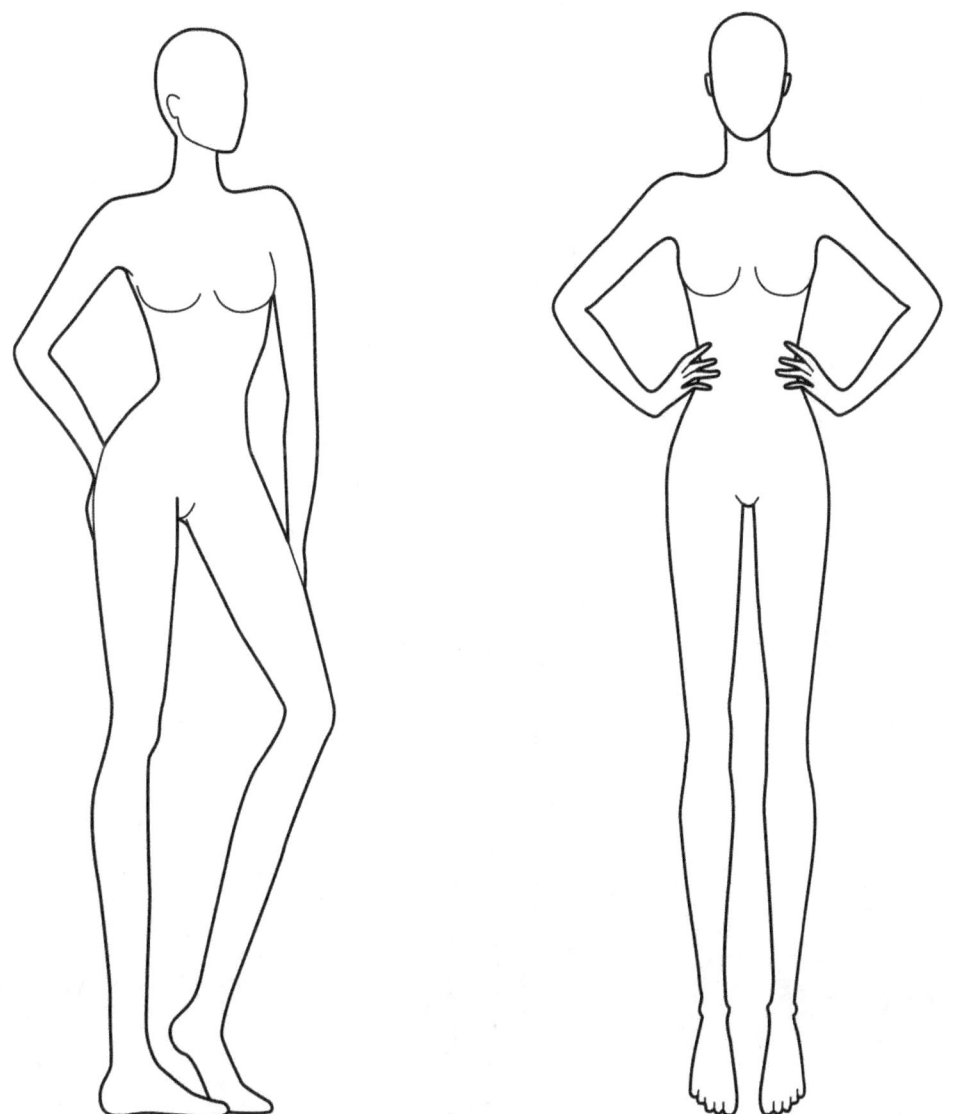

Accessoire-Fokus

Diesmal stehen Accessoires im Mittelpunkt!
Hüte, Taschen, Schuhe, Schmuck - wähle deine Favoriten und baue das Outfit um sie herum. Halte die Kleidung schlicht, damit die Accessoires wirken.

Leitfragen:
- Welches Accessoire ist der Star?
- Wie unterstützt das Outfit dieses Stück?
- Würde der Look auch ohne funktionieren?

Tipp: Accessoires verwandeln „schön" in „wow - das bist du!".

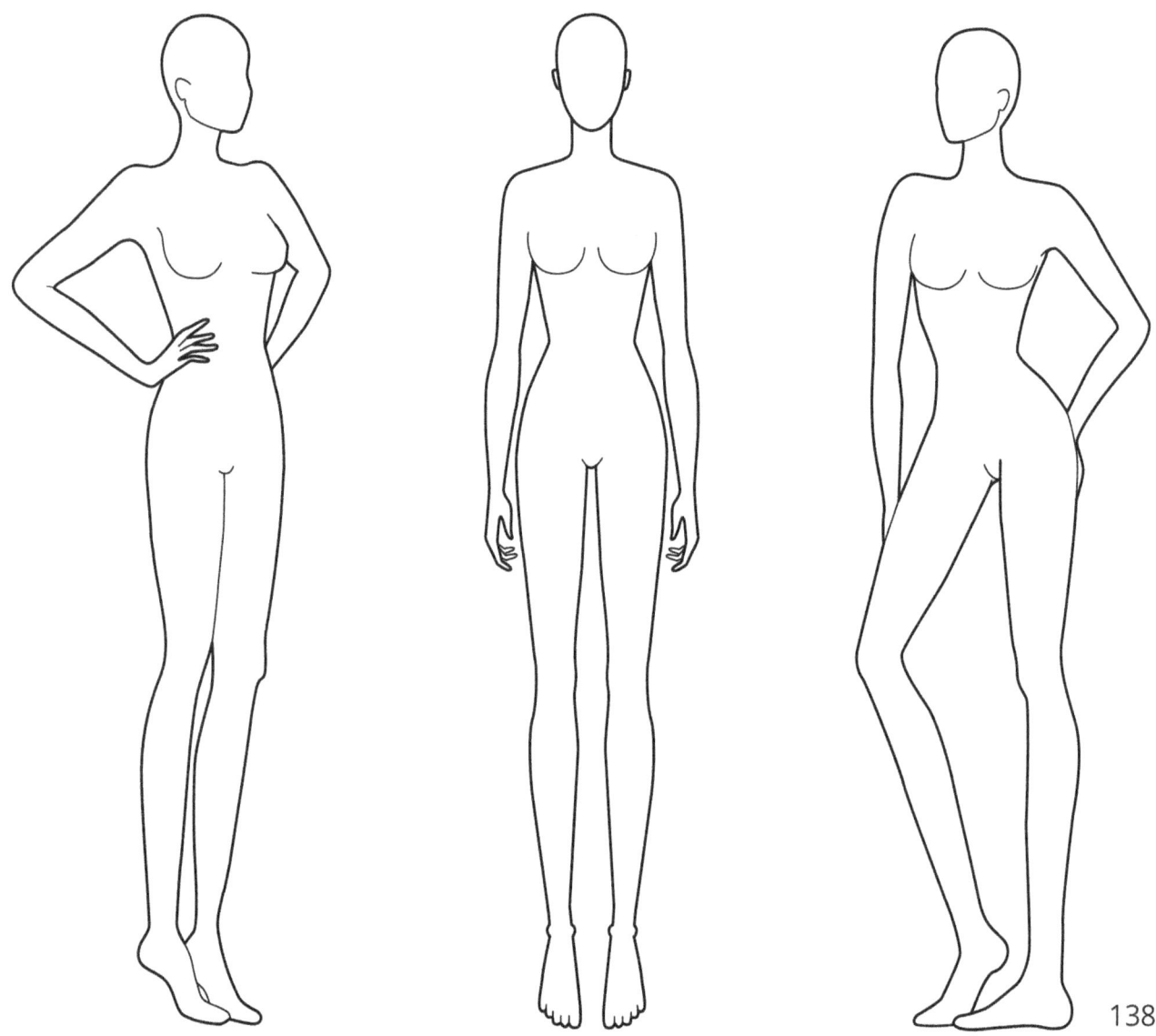

Mode durch die Zeit

Reise durch die Modegeschichte und interpretiere sie neu!

Vielleicht treffen 90er-Grunge, Y2K-Glitzer oder 70er-Schlaghosen auf modernen Streetstyle.
Nimm etwas Ikonisches und mach daraus deinen Trend von heute.

Leitfragen:
- Welche Epoche hat dich inspiriert?
- Welche moderne Note hast du hinzugefügt?
- Wie passt dein Design zum heutigen Zeitgeist?

Tipp: Mode wiederholt sich - aber du kannst sie neu schreiben.

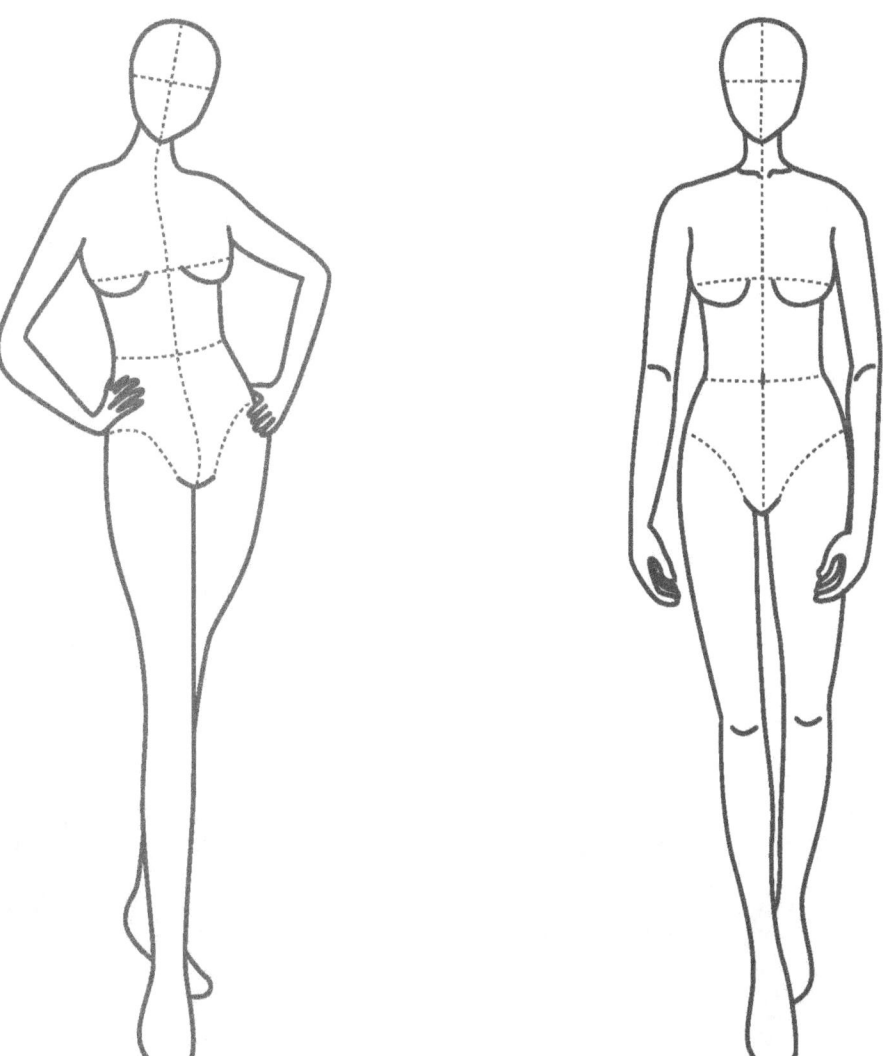

Moodboard zu Outfit

Sammle Bilder, Farben und Stoffideen, die dich inspirieren, und entwirf dann ein passendes Outfit. Klebe oder zeichne dein Mini-Moodboard zuerst und skizziere dein Design daneben.

Leitfragen:
- Was ist das Thema deines Moodboards?
- Welche Details hast du in dein Design übernommen?
- Spiegelt dein Outfit die Stimmung des Boards wider?

Tipp: *Eine klare Vision macht das Zeichnen viel leichter - Inspiration ist der erste Schritt zum perfekten Design.*

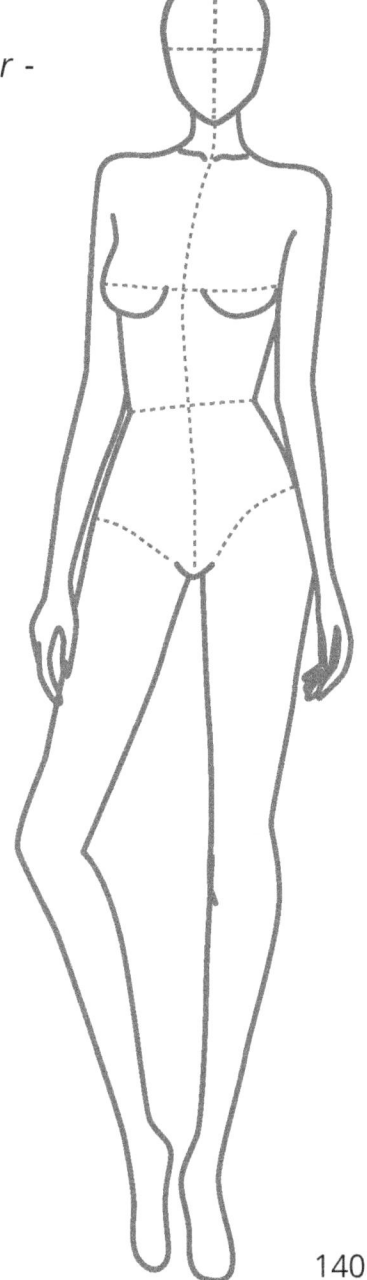

Designer-Checkliste für junge Modetalente

Alles, was du für deine kreativen Sitzungen brauchst - hake ab, was du schon hast!

Zeichen-Grundausstattung
- Skizzenbücher & Papier ....
- Modefiguren-Vorlagen ....
- Bleistifte (HB, 2B, 4B) ....
- Fineliner & Tintenstifte ....
- Radierer & Spitzer ....
- Lineal / Kurvenlineal ....

Farbbereich
- Buntstifte / Marker ....
- Aquarellfarben oder Gouache ....
- Stoffproben / Textur-Beispiele ....

Kreativ-Werkzeuge
- Schere / Kleber / Klebeband ....
- Maßband / Stecknadeln ....
- Mini-Portfolio-Mappe ....

Digitale Extras (optional)
- Tablet & Stift ....
- Zeichen-Apps oder Mode-Design-Software ....

Inspirationsquellen
- Stoffkataloge / Modezeitschriften ....
- Moodboard-Materialien / Pinterest-Ideen ....

Tipp: *Deine Werkzeuge sind deine Superkraft - halte sie bereit!*

Meine Lieblingsstoffe & Marken
- Notizen & Stoffproben

Notiere die Materialien und Texturen, die du am meisten liebst!

Füge kleine Stoffstücke, Farbmuster oder Fotos deiner Lieblingsmarken hinzu.

- Top 3 Lieblingsstoffe: ....
- Stoffe, die ich ausprobieren möchte: ....
- Lieblingsgeschäfte / Marken: ....
- Stoff, der zu meinem Stil passt: ....
- Traumstoff, mit dem ich einmal designen möchte: ....

Tipp: Deine Stoffwahl erzählt deine persönliche Designgeschichte.

_____
_____
_____
_____
_____
_____
_____
_____
_____
_____

Mein persönliches Mode-Tagebuch

Du bist am Ende des Buches angekommen - aber in Wahrheit beginnt hier dein Weg als junge Designerin!

Nutze diese Seite, um deine Gedanken, Ideen und Erkenntnisse festzuhalten.

- Was ich bisher gelernt habe: ....
- Meine Lieblingsentwürfe: ....
- Der Stil, der am besten zu mir passt: ....
- Meine nächsten Ziele als Designerin: ....

Jede Skizze ist ein Schritt nach vorn - zeichne weiter, entdecke Neues und wachse mit jedem Strich.

_____

_____

_____

_____

_____

_____

_____

_____

_____

Herzlichen Glückwunsch!
Du hast es geschafft!

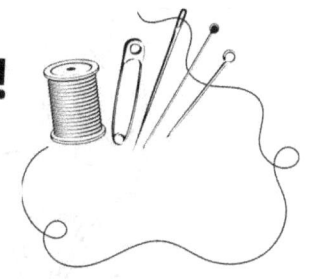

Gratulation, Designerin!

Du hast den letzten Abschnitt erreicht - großartig gemacht!
Jede Seite, die du gefüllt hast, hat deine Kreativität, deinen Stil und dein Selbstvertrauen gestärkt.

Mode ist mehr als Kleidung - sie ist Ausdruck deiner Persönlichkeit.

Mit jeder Zeichnung hast du deine ganz eigene visuelle Sprache geschaffen.

Denk daran:
- Wachstum = Übung + Leidenschaft
- Dein Stil ist deine Superkraft
- Hör nie auf zu kreieren

Wir würden uns freuen, von dir zu hören!

Wenn dich dieses Buch inspiriert hat, teile dein Feedback oder zeige deine Designs online, damit auch andere mitmachen können.

Tipp:
Die Welt braucht deine Vision - zeig sie!

Niky Jadesson

Danke!

(Abschließende Nachricht)

Danke, dass du dabei warst!

Wir hoffen, dieses Mode-Skizzenbuch hat dich inspiriert, zu entwerfen, zu träumen und groß zu denken.

Deine Kreativität bedeutet uns alles!

Wenn du Ideen, Gedanken oder Vorschläge teilen möchtest, freuen wir uns auf deine Nachricht:
nikyjadesson@gmail.com

Du findest weitere kreative Skizzenbücher unter **Niky Jadesson Books** online.

*Zeichne weiter, lerne weiter -
und bleib strahlend kreativ!*

Niky Jadesson

Danke, dass du dieses Buch gewählt hast!

  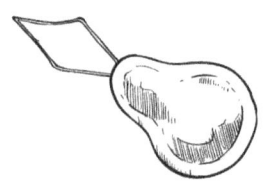 

Wir sind stolz auf deine Fantasie und auf all die Mühe, die du in deine Designs gesteckt hast.

Wenn dir dieses Buch geholfen hat, deine Fähigkeiten zu verbessern, hilf auch anderen, es zu entdecken - eine kleine Rezension macht einen großen Unterschied!

Möchtest du mehr entdecken?
Suche nach **Niky Jadesson Books** für
weitere kreative Themen und Designversionen.

Denk daran:
- Weiter zeichnen
- Weiter designen
- Weiter kreativ sein

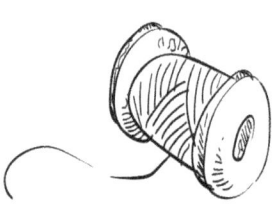

Niky Jadesson

Über die Autorin

Niky Jadesson ist Autorin und Designerin, die glaubt, dass Lernen immer kreativ und mit Freude verbunden sein sollte.

Ihre Bücher helfen jungen Künstlerinnen und Träumerinnen, Mode, Kunst und Selbstausdruck mit Selbstvertrauen zu entdecken.

Sie findet Inspiration bei Spaziergängen in der Natur, bei einer guten Tasse Kaffee und in der endlosen Neugier, neue Ideen zu skizzieren.

Ihre Mission: Die nächste Generation kreativer Köpfe zu inspirieren - Seite für Seite.

Mehr entdecken:

Niky Jadesson Books.

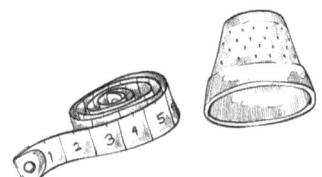

Mini-Modelexikon für Jugendliche

- **Silhouette -** Die Gesamtform eines Designs.
- **Schnittmuster -** Vorlage zum Zuschneiden der Stoffteile.
- **Fall (Drape) -** Wie ein Stoff sich bewegt oder fällt.
- **Naht -** Linie, an der zwei Stoffe zusammengenäht sind.
- **Saumlinie -** Unterer Rand eines Kleidungsstücks.
- **Oberteil (Bodice) -** Der obere Teil eines Kleidungsstücks.
- **Falte (Pleat) -** Stofflegung, die Form oder Bewegung verleiht.
- **Textil -** Jeder gewebte oder gestrickte Stoff.
- **Faser -** Grundmaterial eines Stoffes (z. B. Baumwolle, Seide).
- **Layering -** Mehrere Kleidungsstücke übereinander tragen.
- **Moodboard -** Collage mit Bildern und Ideen zur Inspiration.
- **Trend -** Aktuell beliebter Stil oder Farbe.
- **Nachhaltige Mode -** Design mit Rücksicht auf Umwelt und Ressourcen.
- **Fast Fashion -** Schnell produzierte, trendige Mode.
- **Haute Couture -** Luxuriöse, handgefertigte Einzelstücke.
- **Capsule Wardrobe -** Kleine, vielseitig kombinierbare Garderobe.
- **Kollektion -** Zusammengehörige Designs eines Designers.

Tipp: Wer die Sprache der Mode kennt, entwirft wie ein Profi.

Zertifikat – Erfolgreich abgeschlossen!

MODEDESIGN-SKIZZENBUCH - JUGEND-EDITION

by Niky Jadesson Books

Hiermit wird bestätigt, dass

_____

dieses Mode-Skizzenbuch mit Kreativität, Fantasie und Hingabe abgeschlossen hat!

Du hast Trends erkundet, Figuren geübt, Stoffe ausprobiert und deine eigene Mode-Stimme entwickelt.

Jede Skizze ist ein Schritt in deine kreative Zukunft.
Sei stolz. Bleib inspiriert. Mach weiter!

Unterschrift: _____
(Deine Unterschrift)

Datum: _____

Tipp: Dies ist kein Ende - sondern dein neuer Anfang.
Die Welt wartet auf deine Designs!

www.ingramcontent.com/pod-product-compliance
Lightning Source LLC
Chambersburg PA
CBHW081359070526
44583CB00020B/2605